KB176048

모던 대학 코번트리,
도시를 바꾸다

사회혁신 영국기행

모던 대학 코번트리,
도시를 바꾸다

초판인쇄 2020년 5월 15일
초판발행 2020년 5월 15일

지은이 송주민
펴낸이 채종준
기획·편집 이아연
디자인 김예리
마케팅 문선영

펴낸곳 한국학술정보(주)
주소 경기도 파주시 회동길 230 (문발동)
전화 031 908 3181(대표)
팩스 031 908 3189
홈페이지 http://ebook.kstudy.com
E-mail 출판사업부 publish@kstudy.com
등록 제일산-115호(2000. 6. 19)

ISBN 978-89-268-9921-2 03330

모던 대학 코번트리, 도시를 바꾸다

사 회 혁 신 영 국 기 행

송주민 지음

이담 Books

CONTENTS

PART 3

코번트리에서 만난 사회혁신 그룹들
: 방치되고 소외된 곳에서 피어나다

PART 4

사회적대학(Social University)을 향하여
: 혁신의 대상이 아닌 추동 기지로

PART 1

들어가며

전통과 모더니즘, 어색한 조화가 매력인 도시

폐허처럼 스러져버린 대성당과 바로 옆에 붙어 있는 신생대학의 모던한 혈기가 미묘한 조화를 이뤘다. 순간 포착한 도시의 첫인상인 줄만 알았다. 그러나 이 어색한 매칭은 기실 대표적인 이미지였다. 여러모로 코번트리는 어울리지 않을 법한 요소들이 얼기설기 얽혀서 형성되어 왔고 변화해가고 있는 곳이다.

영국 웨스트미들랜드주에 위치한 인구 35만의 중규모 도시 코번트리는 드라마틱한 역사를 지닌 도시다. 번성과 쇠퇴, 재기의 굴곡들이 커다란 파도처럼 요동치는 곳이다. 특히 코번트리의 현대사는 영국 자본주의의 궤적을 그대로 재현하고 있었다. 리본 제작과 시계의 도시, 자전거와 자동차 생산 등 제조업의 중심지이다. 또한 제2차 세계대전 기간 동안의 폭격으로 인한 폐허와 재건, 제조업의 급격한 쇠퇴 이후 교육과 문화를 필두로 내세워 도시재생을 추구했다.

사실 코번트리는 과거의 명성(중세시대 잉글랜드의 경제적, 종교적 중심 역할을 한 곳, 현대에는 '재규어'의 도시로 많은 산업 노동자들을 끌어모은 곳 등)에도 불구하고 대외적으로 크게 알려진 곳은 아니다. 특히 해외여행자들에게는 더더욱 생소하다. 론리플래닛 등 유명한 여행서에는 하나의 카테고리조차 소개되지 않고 몇몇 지엽적인 정보들만 담겨 있다. 한때는 '유령 도시'로 불리기도 했단다. 제2차 세계대전 당시 독일군의 공습으로 인한 폐허의 흔적과 이어진 제조업의 쇠퇴가 만들어낸 그림자일 것이다.

폐허를 중심지에 간직한 채

도시의 가장 두드러진 공간부터 여정을 시작한다. 폐허가 된 상태를 그대로 보존하고 있는 코번트리 대성당(Coventry Cathedral)은 도시의 굴곡을 가장 명징하게 보여주는 장소다. 중세에 코번트리가 얼마나 번성했는지를 짐작게 하는 웅장한 규모다. 그러나 첨탑과 뼈대만 남은 채 바스러졌다. 맹렬한 폭격의 공포가 그대로 전해지는 공간이다. 도시의 한복판, 그것도 신성하고 기념비적이고 역사 그 자체인 곳이 처참한 돌가루가 되어 먼지 속으로 흩어지는 광경을 주민들은 어떤 심정으로 바라보았을까.

군수품 조달용 등 산업시설이 많다는 이유로, 코번트리는 전쟁 기간
동안 41번에 걸쳐 공습을 당했다. 1,200여 명의 사상자와 약 3분의
1의 주거지, 산업시설들이 망가지는 피해를 입었다. 가장 비극적이었
던 1940년 11월 14일, 독일군의 맹폭에 최소 554명이 목숨을 잃었고
1,000명 이상이 부상을 입었으며 이 거대한 성당마저 지금의 발가벗
은 모습으로 무너져 내렸다.

역사는 없어질 수 없다. 무너지고 스러진 공간에도 뜻과 미학은 있다.
게다가 여기는 한 도시에서 처절히 경험한 전쟁의 참상을 그대로 재
현해주는 곳, 그래서 다시 일어서기 위한 발걸음도, 평화와 화해의 움
직임도 새롭게 움틀 수 있는 장소다. 천장도 창문도 없는, 비가 오면
그대로 맞고 서 있어야 할 뼈대뿐인 초라한 성당은 이러한 역사 자체

만으로도 커다란 울림을 선사한다. 야외인 듯한 실내인 듯한 망가져 버린 성당 내부를 우두커니 바라보면, 과거의 영예와 그 덧없음을 동시에 체감케 한다. 턱이 높고 신성한 종교 공예품으로 장식되어 있었을 무너진 제대를 보며 천천히 거닌다. '화해'를 상징하는 기념물과 조각, 각인된 문구들이 곳곳에서 차례로 보인다.

한 여성과 남성이 무릎을 꿇은 채 서로 부둥켜안고 있다. 화해(Reconciliation)라는 이름의 동상은 애절한 모습의 자태와 더불어 그를 둘러싼 파괴의 잔해를 통해 묵직한 울림을 선사한다. 이 동상은 1995년 제2차 세계대전 종전 50주년을 맞아 화해의 징표로서 세워졌다. "파

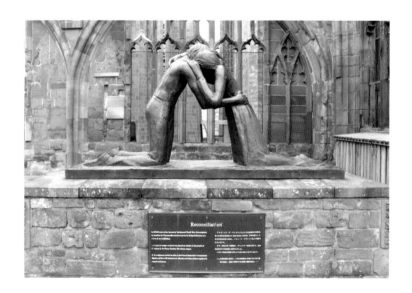

괴적인 힘에 맞서 인간 존엄과 사랑의 승리", 그리고 "민족들을 평화
와 존중으로 한데 모으는" 의미를 담았다고 동상 하단 문구에 새겨져
있다.

슬픔은 겪어본 사람이 이해할 수 있다. 아픔과 잔혹 역시 처절한 체득
과 진정한 반성을 통해 평화로 승화될 수 있다. 대대손손 물려줘도 아
깝지 않을 지역사회의 보물이자 유산, 거대한 성소이자 역사적 문화
재마저도 가차 없이 무너뜨려 버리는 인간의 잔인한 현장이 여기에
있다. 그러나 코번트리는 이제 평화와 화해의 도시(City of Peace and
Reconciliation)다. 코번트리는 스탈린그라드와 최초의 쌍둥이 도시
(Twin Cities) 관계를 맺은 바 있는데, 이어서 공습의 당사자국인 독
일의 드레스덴(Dresden)과도 평화와 화해의 메시지를 담은 쌍둥이
결연을 맺었다.

고풍스러운 중세 도심과 산업 콘크리트와 현대적 재생의 미묘한 조화

물론 성당 주변에 '잔해'만 있는 것은 아니다. 무너진 현장은 그대로
두면서 보존하고 있지만 옆에는 새로운, 현대적 양식의 성당이 파괴
의 과거를 넘어 새로운 모습으로 부활했다. 중세풍의 이끼 쌓인 옛 모
습과 어우러져 새로이 들어선 현대적 감각과 평화의 메시지를 듬뿍

15

담은 '모던한 성당'의 조화는 역사를 가로질러 미래를 향해 지역사회의 질긴 끈을 이어주고 있다.

첫인상부터 '뒤섞인' 코번트리의 도시 풍경을 한눈에 살펴보기 위해 가장 높은 곳, 대성당의 첨탑으로 오른다(Cathedral Tower Climb). 폭격에 몸체는 날아가 버렸지만, 높다랗게 솟은 이곳은 다행히 그대로 남아 있다. 유럽의 많은 도시가 여전히 그러하듯 정해진 시간에 경건한 종소리를 지역사회로 울려 퍼지게 하는 곳, 그대로 보존하는 곳이라 승강기 따위는 존재하지 않는 곳, 181개 계단을 하나둘 밟으며, 한 사람 들어가면 꽉 차는 좁은 통로의 계단을 따라 빙글빙글 하늘로 올랐다. 다리에 힘이 풀리고 타워에 다다랐다. 약 90미터 높이에서 코번트리 도시 전경을 바라볼 수 있었다. 의외의 랜드마크 중 하나는 도심을 빙 둘러싼 순환도로(링 로드, Ring Road)다.

> "중세의 거리들이 모던한 세계와 만나는 곳, 거대하면서 흉측한 이 1970년대 기반시설은 무려 27개의 시와 영화 등 예술작품의 주제가 되었다. 기이한 콘크리트의 미를 찬양하며."

도심 한복판의 대성당 주위로 이어지는 중세풍 거리들이 산업화의 상징인 콘크리트 도로에 둘러싸인 채 서로 만나고 있다. 잘 계획되고 보존된 풍경을 예상했다면 실망이다. 지극히 언밸런스하다. 역사

의 흔적이 쌓인 전통적 도시풍경에 폭격의 단절과 단조로운 산업 건
축물이 뒤섞였다. 제2차 세계대전 후 망가진 도시를 재건하며 나타난
풍경일 것이다. 단조롭고 투박한 콘크리트에도 미는 있을까.

"링 로드(Ring Road)는 내게 거대한 창조물을 상기시킨다….
도시의 거대한 실체이며 오래된 도시의 성벽과 다르지 않다."

지역 예술가들과 프로젝트(Disappear here)를 진행했던 시인 리안(Leanne Bridgewater)의 말이다.

거대한 대로와 고가, 투박한 라인, 회색조의 단조로운 건축물은 사실 현대 도시에 사는 사람들이라면 별로 특별할 것도 없고 이렇다 평할 게 없다. 완전한 콘크리트 과잉 도시 서울에 산다면 더더욱, 너무도 익숙한 광경일 뿐이다. 영국과 코번트리에서는 전후, 1950년대 후반부터 70년대까지 이러한 재건 프로젝트의 붐이 있었고, 이는 고풍스러운 영국식 도심에 모더니즘을 심어 넣는, 브루탈리스트(Brutalist, 거대한 콘크리트나 철제를 사용하는, 특히 1950~60년대 건축양식)식으로 진행이 되었다. 링 로드는 두 개의 시대에 다리를 걸쳐 놓으며 관통하는 상징이다. 링 로드 자체는 서울의 하고많은 '토목과 산업화의 상징'인 거대 고가도로나 순환도로와 다를 게 하나 없다. 결국은 공간에 깃든 사연과 의미 부여, 예술적 재해석과 표출이 도시를 다시 재구성한다.

링 로드가 휘감은 코번트리를 다시 내려다본다. 절로 탄성을 자아내게 하는 이탈리아 피렌체의 두오모 성당에서 바라본, 온통이 전통이고 그 자체가 명작인 도시의 풍경과는 분명 다르다. 잉글랜드의 '배스(Bath)'와 같이 잘 보존되고 고풍스러우며 수려한 도시도 아니다. 아예 작정하고 계획해 현대에 들어와 새로이 일군 '밀턴킨스(Milton

Keynes)'와 같은 뉴타운도 아니다. 코번트리를 내려다보는 재미는 온갖 평지풍파를 겪으며 짓고 무너지고 다시 세웠다가 때론 흉터를 낸, 역사의 질곡을 거치며 세월의 더께를 더한 거친 풍모에서 나온다. 각종 산업들의 융성과 변모를 그대로 겪었던 현대의 코번트리는 노동자와 이민자의 도시이기도 하다.

이처럼 이곳은 전후 부흥의 기운과 제조업의 전성기가 저물면서 한때 '유령 도시(Ghost Town)'로까지 불리며 한탄하기도 했던 곳이다. 그러나 이제는 영국의 '문화 도시(UK City of Culture in 2021)'로 선정되어, 지역사회 주민들은 설렘을 안고 다시 문화적, 사회적 재생을 향해 전진하고 있다. 폐허가 된 도심을 가슴에 품고 흉측한 콘크리트 건축물에서도, 어울리지 않을 법한 사물들의 조화 속에서도 미학과 예술의 감각을 발견한 코번트리안들이 도시를 지켜온 결과다.

PART 2

코번트리대학
사회적기업(CUSE)

: 사회혁신가, 대학으로 들어가다

영국 코번트리와의 인연은 코번트리대학(Coventry University)으로부터 비롯된다. 나는 서울 강북구에 있는 한신대학교 서울캠퍼스에서 추진하고 있는 캠퍼스타운 사업을 대학-지역사회 인사들과 함께 기획하고 있었다. 캠퍼스타운은 서울시 정책으로 촉발된 프로젝트로, 대학-지역사회-공공기관의 협력을 통해 청년문제 해결, 창업육성, 지역재생, 앵커시설 구축 등을 추진하는 목적을 지녔다. 지난 2017년 11월 연세대에서 개최된 서울시 캠퍼스타운 국제컨퍼런스에 초빙된 코번트리대학 사회적기업의 경영자 키이스 제프리(Keith Jeffrey)는 대학 내 사회적기업을 통한 지역혁신 사례를 소개했다. 필자와 한신대-강북구 또한 사회적기업, 사회적경제, 도시재생 등과의 연계를 통한 캠퍼스타운 프로젝트를 추진하던 터라 그의 발제가 귀에 쏙 들어왔다. 한신대 사회혁신경영대학원 오창호 교수의 도움을 받아 방문 요청을 했고, 그는 흔쾌히 수락했다. 그리하여 2018년 겨울, 코번트리에서의 생활이 시작되었다.

대학에서 연결해준 기숙사 사이클 웍스(Cycle Works, 과거 자전거 생

산지로 유명했던 코번트리의 흔적이 담긴 이름)에서 코번트리대학
사회적기업(Coventry University Social Enterprise, 이하 CUSE)이 소
재한 엔터프라이즈 허브(Enterprise Hub)까지는 도보로 10분. 숙소를
나와 곧바로 마주하는 건 고가로 펼쳐진 링 로드다. 커다란 콘크리트
다리 아래를 발 빠르게 지나가면 다시 역시 '브루탈리스트(Brutalist)'
한 무식해 보일 정도로 단조로운 모던 건축물 스포츠센터를 마주하
게 된다. 그 옆 건너편에도 역시 꾸밈없이 적나라하게 '브루탈'한 양
식의 브리타니아 호텔이 보인다.

> "나는 링 로드 아래에 서 있는 걸, 자동차들의 소리를 듣는 걸 즐
> 긴다. 이것은 해변가에서 바닷소리를 듣고 있는 코번트리 버전이
> 다(Leanne Bridgewater)."

이 로컬 시인의 미학은 당최 무엇인가. 사실 나는 지금 이 거리를 서
울의 행한 고가다리 밑 횡단보도를 무표정하게 지나가듯 무미건조하
게 지나갈 뿐이다. 그러나 아이러니하게도, 코번트리가 영국 문화도
시로 선정된 데에는 이 역설적이고 엇갈리는 얼굴을 지닌 건축물이
하나의 상징물로 작용했단다. 삶이 남긴 흔적의 형성은 맞닥뜨리는
상황 속 우연들과 상식을 뒤엎는 전복적 경험이 뒤섞인 결과이기도
하다.

이어 대학 건물들이 밀집한 캠퍼스 한복판으로 들어선다. 유서 깊은 케임브리지나 옥스퍼드 등의 고풍스러운 대학 분위기는 전혀 아니다. 코번트리대학은 1990년대 초반 폴리텍대학에서 종합대학으로 승격한 영국의 모던 대학(Modern University) 중 하나다. 대다수는 현대식 건축물이 자리하고 있다. 계획적으로 캠퍼스 형태를 체계 있게 조성했다기보다는 대학의 확장에 따라 하나둘 규모를 늘린 모습이다. 여전히 신축 중인 기숙사 등도 눈에 띈다. 캠퍼스를 걸어 다니는 2주 내내 공사하는 소리가 들려왔다.

코번트리대학은 코번트리 도심 한복판에 위치해 있다. 코번트리 대성당이 과거로부터 이어온 유물이라면, 바로 옆에 위치한 대학은 오

늘의 코번트리를 잘 보여주는 얼굴이다. 옆에서 함께 걷고 있는 학생들의 얼굴이 형형색색이다. 영국 학생들은 물론이고 수많은 국제 학생들이 매일같이 도심지를 오가며 공부하고 있다. 시 외곽에는 워릭대학(Warwick University)도 자리하고 있어 도시에 젊고 다문화적인 분위기를 한껏 고취한다. 링 로드 주변의 아파트식 신축 건물들은 상당수가 이들을 수용하는 기숙사들이다. 특히 코번트리 도심지는 '대학도시'라고 해도 무방할 정도다. 학생들과 그와 연관된 시설, 상점들이 한껏 밀집해 있다. 대학이 도심을 꽉 채웠다. 제조업이 빠진 자리를 메우고 있는 도시의 새로운 '(교육)서비스 산업'으로도 기능하고 있는 풍경이다. 이러한 다양한 젊은 풍모들이 만든 코번트리는 전 세계 140개의 언어, 방언들이 뒤섞이는 그야말로 다문화의 용광로로 이글거리고 있다.

대학이 만든, 대학에 자리한 사회적기업

코번트리대학 사회적기업(이하 CUSE)은 말 그대로 코번트리대학에서 만들고 파생된 자회사 격인 회사다. 그렇다면 사회적기업이란 무엇인가? CUSE 소개 자료 첫 줄에 간단명료하게 표현되어 있었다. 그것에 따르면 이러하다.

"사회적기업(Social Enterprise)은 사회적 문제, 도전(Social Challenges)들을 해결하기 위한 목적으로 사업을 하는 회사다. 이 기업은 '지역공동체들(Communities)', '사람들의 삶의 기회들(People's Life Chances)', '환경(The Environment)' 등을 개선하고 증진시키는 목적으로 일한다. 이를 위해 물건과 서비스들을 개발, 제조, 판매하며 이윤을 창출한다. 이는 다시 사회적 목적을 위해 재투자된다."

캠퍼스의 완연한 젊은 기운 한복판에 위치한 엔터프라이즈 허브가 그들의 사무 공간이다. 사실 사무 공간이라고 느껴지지는 않는 분위기다. 누구나 와서 일하고 상담하고 회의하고 쉬었다 갈 거점이자 허브 공간이다. 이번 여정을 허락하고 맞이해준 키이스는 CUSE의 경영책임자('Manager'이자 'Managing Director' 직함을 가지고 있었다. 이후 편의상 '경영자'로 하겠다)임에도 자기 방도 없다. 아담한 회의실 탁자에서 노트북을 두드리며 나를 맞았다. 여기서 일하는 10여 명의 스텝, 코디네이터 모두 '개별 업무석'이 없다. 그저 곳곳에 놓인 책상, 테이블 등을 잡고 유연하게 일을 하는 모습이었다. 공간 조성, 배치도 역시 이들 스텝 등이 의견과 참여를 모아 함께 진행했다고 한다. 키이스의 지론이 '스텝들을 최대한 관여'시켜야 자발적인 업무가 가능하다는 것이었다. 자신들의 의견과 손길이 닿은 공간 조성과 '그냥 주어진' 공간은 분명 동기부여의 차이가 크다.

"(사회적)기업가들을 키우는 공간인데 자리 하나씩 차지하고 딱딱하게 있을 필요는 없죠. 여기는 누구든 찾아와서 자유롭게 소통하고 아이디어를 나누는 공간으로 마련되었어요."

사회적기업가 육성, 교육, 창업지원, 허브센터, 생태계 구축 등 이제 우리나라에서도 익숙한 일들이고 표현이다. 그러나 우리나라에서는 많은 경우 (지방)정부나 민간위탁 등을 통해 이러한 역할들이 시행되고 있다. 이곳에서는 대학에서, 그것도 독립적인 회사인 사회적기업을 통해 중간지원, 육성, 생태계 조성 등의 역할을 하고 있었다.

영국에서도 대학에서 이렇게 공동체이익회사(Community Interest Company, CIC, 이익을 지역사회에 재투자하는 등 지역공동체에 편익을 주는 비영리적 성격의 회사) 형태의 사회적기업을 만들어 사업을 진행하고 있는 경우는 최초 사례라고 한다. 주요 사업은 대학 구성원(학생, 교직원 등)과 지역 주민들을 대상으로 사회적기업 등의 비즈니스를 할 수 있도록 발굴하고 인큐베이팅하고 지원하는 것이다. 즉 사회적 임팩트(Social Impact)를 줄 수 있는 사회적기업과 도전적인 비즈니스를 발굴하고 육성하고, 대학-지역사회의 협력 생태계를 조성하는 것이 주요한 CUSE의 미션이다. 그리하여 '사회적기업들을 인큐베이팅하는 사회적기업'의 대표주자로 자리매김해 나가고 있다. 궁극적으로는 코번트리대학이 지역사회 앵커 기관(Anchor Institution)으로서의 역할과 잠재력을 극대화하게끔 일하며, 지역사회에 편익을 제공하고 진정한 사회적 가치를 성취해내는 방법들을 찾고 실천하는 역할을 하고 있다.

유럽연합의 사회투자 관련 펀딩, 잉글랜드의 고등교육 관련 펀딩, (지방)정부 관련 부서와의 계약, 자체 비즈니스 등을 통해 이러한 역할과 서비스를 지역사회에 제공하는 것이 CUSE가 하는 일이다. 그들은 대학으로부터 파생되었지만, 독립된 회사고 예산도 자체 조달한다. 심지어 이 허브 공간에 대한 임대료도 대학 측에 지불하면서 운영하고 있다. 그런 면에서 영국에서 '비즈니스'는 '비즈니스'다. 아무리

'사회적'이라고 할지라도. 키이스는 약간은 못마땅하다는 표정을 짓기도 하며 "연간 약 4,500파운드(약 700만 원)를 임대료 등으로 학교에 내고 있다"고 말했다.

CUSE에서 발간한 2018/19년도 '사회적 임팩트 보고서(Social Impact Report)'에 따르면, 그들은 2014년 이래로 65개의 사회적기업들을 육성하는 데 기여했다. 이들은 아동복지, 자원봉사 등 사회서비스 분야부터 청소, 음식, 레저 등 다양한 비즈니스 분야에 걸쳐 있다. 특히 2018~19년도에는 15개 사회적기업 설립을 지원해 관련 실천을 하고 있는 영국 대학 중 가장 많은 수치를 기록했다. 더불어 2018/19년도 기준 6,667명의 학생, 교직원, 지역 주민들이 관련 교육, 프로그램, 커뮤니티 행사에 참여하고 인식을 높이는 데에도 기여했다. 이러한 성과를 기반으로 코번트리가 사회적기업 도시(Social Enterprise City) 지위를 획득하는 데 큰 역할을 했다. 잉글랜드 고등교육기금위원회 (Higher Education Funding Council for England, HEFCE)에서 부여하는 2017 올해의 사회적기업 대학, 사회적기업 챔피언에 선정되기도 하였다.

결국 일은 사람들이 하는 것이다. 그들 스스로 적은 소개문에는 그들의 열정(Passion)과 미션(Mission)이 담겨 있다. CUSE 스텝들은 이런 사람들이다. 그리고 나는 이들을 따라다니며(Shadowing) 코번트리를

누비고 체험했다.

- 키이스 제프리(Keith Jeffrey, Managing Director & Manager): 새롭고, 혁신적인 아이디어를 통하여 세상을 바꾸는 일에 열정을 품고 있습니다. 또한 저는 '일이 되게 하는(Getting things done)' 사람입니다.

- 가브리엘라 마토스코바(Gabriela Matouskova, Business Development Manager): '사회적 가치'에 관심을 두고, 코번트리가 사회적 기업 도시를 만들어가는 데, 그리고 학생과 교직원과 지역공동체가 그들의 필요를 해결하는 솔루션을 찾아갈 수 있도록 지원하는 데 열정을 품고 일하고 있습니다.

- 캐롤 도넬리(Carole Donnelly, Head of Entrepreneur Development): 사회적기업과 역사적이고 오래된 건축물을 지키는 활동, 그리고 지역공동체에 긍정적인 변화를 이끌고 고취하는 활동에 열정을 품고 일하고 있습니다.

- 수메야 후세인(Summayyah Hussain, Enterprise Hub Manager): 사람들이 자신의 가능성을 깨닫게 하는 데 관심이 있고요. 사람들과 사회적기업, 국제적 관계와 글로벌 기업가정신을 고무하고 동기부

여 하는 데도 열정을 갖고 일하고 있습니다.

- 마리아마 은지(Mariama Njie, Social Enterprise Officer): 아프리카에 관심이 많고요. 사회적기업이 젊은이들이 자신들의 모든 잠재력을 깨닫고 실현할 수 있는 힘을 주는 도구가 되길 바라고, 환경이 좋지 않은 친구들도 같은 기회를 얻을 수 있게끔 하는 데 관심이 많습니다.

- 도나 프리스(Donna Preece, Enterprise Programme Manager): 창의적인 기업들에 관심이 많아요. 미래 세대들이 좋은 기업가정신을 확산시키는 데도 열의를 가지고 있습니다.

- 해리엇 앨리스(Harriett Alice, EU Project Co-ordinator): 기업가정신과 환경주의, 순환경제 등의 주제에 열의를 갖고 있고 음식과 음료, 소매상 섹터 등의 활동에 관심을 두고 있습니다. 유럽연합의 에라스무스 프로그램을 조직화하는 일의 책임을 맡고 있기도 합니다.

대학 이름을 앞에 붙인 사회적기업을 접하면서 떠나지 않는 질문이 있었다. 왜 대학인가? 사실 대학 전체로 보면 코번트리대학의 사회적기업(CUSE)은 굉장히 작은 부분일 뿐이었다. 오늘날 영국의 대학들은 과연 국공립대학(대부분의 영국 대학은 국공립이다)이 맞나 싶을 정도로 많은 비즈니스를 하고 있다고 했다. 정부에서는 예산을 줄이고 학생들이 부담하는 등록금 상한선을 계속해서 올리면서 '스스로 알아서 경쟁해서 살아남아라'라는 기조를 이어가고 있었다. 따라서 학생 기숙사를 포함해 임대사업을 하는 부동산 관리회사 등(국제학생이 많은 비중을 차지하는 영국에서는 이 또한 굉장히 큰 시장이다) 큰 규모의 대학 자회사들이 여럿 있었다. 코번트리대학도 예외는 아니었다. 오히려 교육서비스에 대한 비즈니스적 경영을 공격적으로 도입하여 팽창하고 있는 대학 중 하나이기도 했다.

CUSE 경영자 키이스는 "우리는 아직 작다"고 했다. 또한 "대학이라는 곳은 요식 체계(Bureaucracy)가 크고, 따라서 항상 설득하고 줄다리기를 해야 할 긴장관계가 있다"고 말했다. 거대한 대학 체계 속에서도 작은 부분이고, 기업의 비즈니스 수익의 관점에서도 적다. 대학을 울타리로 두고 있지만 잘 안착되고 기득화된(Establishment) 구성체는 아니다. 여전이 그들은 신생조직이고 도전하는 실체다. 이런 측면에서 그들은 대학 속으로 뛰어 들어간 사회혁신가들이다. 대학을 그저 대학만의 공간이 아니라, 사회혁신적인 실천과 비즈니스를 통해 지속 가능한 좋은 영향을 주게끔, 관성의 울타리를 타파하고 새로운 대안을 만드는 지역사회에 깊이 뿌리내린 앵커 시설(Anchor Institution)로 자리매김하게끔 하도록 노력 중인 실천가들이다. 이 과제는 현재진행형이고 여전히 풀어가야 할 숙제가 산적해 있는 커다란 도전이다.

> "사실 정부의 긴축(Austerity)이 사회혁신과 사회적기업 등을 추동하고(Driving) 있는 요인입니다."

키이스는 아이러니한 현실이라며 이렇게 말했다. 2008년 금융위기 이후 진행된, 더 근본적으로는 1980년대 신자유주의의 상징인 마거릿 대처(Margaret Thatcher) 이후 이어진 긴축정책이 기존 공공서비스 등의 축소와 삭감으로 이어졌고 각종 공공 부문의 민영화가 이어졌다. 즉 "(시장에서)비즈니스를 해서 살아남든가 아니면 문을 닫는가"의 상황으로 내몰렸다. 실제로 키이스 역시 내몰렸던 사람이다. 잉글랜드 이스트미들랜드의 도시 더비(Derby)에서 공간자산 기반 문

The Guardian view on university financing: the making of a market mess
Editorial

What the Tories are offering is just an accelerated form of a winner-takes-all marketisation where top performers increasingly capture all the rewards while the rest are left with crumbs

Mon 19 Feb 2018 18.26 GMT

f　y　✉

∧　대학 시장화 현상을 비판하는 2018년 2월 19일 자 영국 〈가디언〉지 사설

화예술 비즈니스 등으로 지역재생 사업을 하는 사회적기업 QUAD가 이전 직장이었다. 좋은 시도와 사례에도 불구하고 공간 등에 투여되는 공공예산 삭감으로 인해 그만두고 나와야 했다. 이는 대학에도 그대로 전가되었다. 많은 유럽 국가들이 그러하듯, 영국도 1990년대 후반까지 국가지원 무상 등록금을 유지했다. 그러나 현재는 연간 약 9,000파운드(학부, 내국인 기준, 약 1,400만 원)까지 치솟았다.

> "(돈벌이가 되는)해외 학생 유치에 혈안이 된 모습. (앞뒤 안 가리는)기업들과의 파트너 관계 형성에 대한 강한 열망. 거대한 부동산 관련 투자와 이득의 축적 등."

코번트리대학에서 있었던, 강사와의 계약이 대학 직접 고용이 아닌 상업적인 자회사로 넘어가면서 논란을 일으킨 사태를 비판한 영국 일간지 〈가디언〉의 칼럼리스트 아디탸(Aditya Chakrabortty)의 일갈이다. 그는 최근 영국 사회에 논란이 된 파리 목숨과도 같은 '0시간 고용계약'이 만연해지고 있는 세태를 언급했다. 이런 분위기 속에서 블루칼라 서비스 노동자뿐 아니라, 소위 많이 배웠다는 사람들마저 불안정 고용 형태에 시달리는, 대학이 이를 오히려 부추기고 있는 현실에 개탄했다. 대학이 시장경쟁에 내몰리면서 수익의 관점으로 계산기 두드리며 살아남기 위해서라도 '돈벌이'에 지나치게 매몰되고 있다는 것이다. 정부는 뒤로 빠지고 대학들은 스스로의 노력으로 각자도생해야 하는 상황이 된 것이다.

그리하여 "등록금 빚에 허덕이는 학생들", "'승자독식' 대학시장화 가속화", "상위 대학은 대부분의 보상을, 하위 대학은 부스러기 정도만 가져가는 구조", "잘나가는 대학의 부총장(Vice-Chancellor)은 막대한 수익과 보너스를, 대부분의 대학 구성원들은 불안정 임시직에 놓이는 상황" 등이 비판적으로 대두되고 있다.

긴축, 시장화 그리고 사회적대학 프로젝트

이러한 일련의 과정 속에서, 코번트리대학의 부총장 존 라탐(John Latham)은 대표적인 상징 인물이다. 그는 실질적으로 대학 경영을 책임지는 CEO라는 명칭도 함께 가지고 있는 '고액 연봉자'다. 정부 돈이 줄어들면서, 대학은 스스로 돈을 벌고 쓰는 데 상당한 자율권을 부여받았다. 그는 분명히 말한다.

> "대학 내 많은 자회사들은 잉여수익을 발생시킵니다. 그리고 그 수익들은 대학 본연의 역할(연구 등)을 수행하게 하도록 기부됩니다. 이를 위한 자회사의 사업들은 분명히 냉철하고 상업적입니다."

∧ 영국 코번트리대학교 교정에 붙어 있는 홍보물

∨ 대학평가 순위 상승을 알리고 있는 내용

그는 양면적인 평가를 받고 있다. 1990년대까지 폴리텍대학이었던 신생대학인 코번트리가 웬만한 러셀그룹(Russell Group, 영국의 명문대학들이 속해 있는 집단으로 일컬어진다) 대학들을 제치고 〈가디언〉 순위 기준 12위(2018년도, 2020년에는 15위)를 기록했다. 〈타임스〉 등에서 선정한 '올해의 모던 대학'에도 수차례 선정되었다. 코번트리대학 캠퍼스 곳곳에는 이를 알리는 사진들이 "우리는 계속해서 상승 중이다"라는 문구들과 함께 내걸려 있었다. 이는 분명 라탐 부총장의 공세적이고 비즈니스적인 대학 경영의 성과가 큰 몫으로 작용했을 것이다.

무엇을 어떻게 해야 하는가. 한 가지의 방향성은 국가가 다시 적극 등장해 '등록금 무상' 시대로 돌아가는 것이다. 실제 '제3의 길' 중도파 노선을 비판하며 등장한 영국 노동당 제레미 코빈 대표(2015~2020) 등 진보파들은 이러한 정책노선과 대안을 공약해왔다. 이와 더불어 또 하나의 움직임이 있다. '사회적대학(Social University)'을 만들어가자는 실천과 담론이다. 사회혁신 방법론을 기반으로 한 재구성을 통해 무분별한 대학시장화의 폐해를 극복하고 국가주도의 한계점도 넘을 수 있는 역동적인 기관으로 혁신해가자는 취지다. 대학을 지역사회 혁신과 재생, 사회적경제 등을 추동해내는 거점 기지로서 적극 조성해가자는 제안이다(사회적대학에 대해서는 추후에 4장에서 더 자세히 살펴보겠다).

다시 키이스의 말로 돌아가면, 정부에서 돈줄을 줄이거나 끊어버리는 긴축이 사회혁신을 추동하고 있다고 했다. 이는 푸념이 섞여 있었으나 꼭 그런 것만은 아니다. 실재하는 측면이 있다. 모든 혁신의 대안은 넉넉함보다는 굶주림과 위기 속에서, 기존의 방법으로 해결되지 않을 때 잉태되곤 한다. 결국 영국형 복지국가가 쇠퇴하고 시장화의 문제가 대두되고 그것을 다시 혁신시키는 과정에서, 국가가 빠진 자리를 어떻게 메울 것인가. 또한 시장만능과 사유화(Privatization)의 폐해를 어떻게 극복할 것인가. 이들의 문제의식은 단순한 국가의 재등장 담론(큰 정부, 국유화 등)을 넘어서자는 의미가 서려 있다. 물론 그중에는 '제3의 길' 방식의 중도노선을 따르는 지향, 보수주의적인 시각에서 시장실패를 일부 보완하려는 움직임도 혼재되어 있는 것으로 판단된다. 예컨대 사회적경제에 대해서 '자본주의 시장경제를 우선하되 폐해를 보완하는 완충'으로 삼는 보수적 접근과 '자본주의 방식을 극복하는 대안경제로의 이행' 등의 급진적인 시각과 실천들이 동시에 존재하듯이 말이다.

실제 최근의 '사회혁신(Social Innovation)'이라는 캐치프레이즈는 정부, 시장, 시민사회 영역을 넘나들며 특정한 규정보다는 광범위하게 사용되는 현상이 나타나고 있다. 전통적인 좌파, 우파, 노동자, 자본가 등의 구분을 횡단하며 "사회혁신이라는 기표가 얼마나 탄력적으로 기능하며 다양한 행위자들을 자신의 우산 아래 결집시키고 있는

(이승철, 조문영, 2018, "한국 '사회혁신의 지형도'" 중)" 양상이 전개되고 있다. 이러한 모호성에 대한 비판적인 시각들도 존재한다. 변화보다는 완만한 현상 유지, 사회적, 생태적인 위기에 정면으로 맞서기보다는 조금씩 완화시키며 기존질서에 새로운 '통치 합리성'을 부여하는 포섭과정의 담론으로 악용될 소지가 짙다는 것이다.

이를 둘러싼 논쟁은 현재진행형이다. 여기서는 이론적, 담론적인 구분보다는 '사회혁신'을 내건 구체적인 실천 사례 속에서 실질적으로 발견되고 있는 시의적인 가능성 혹은 모순들을 조명해내려 한다. 이번 여정의 목적이기도 하다. 키이스는 이렇게 말했다. "실질적인 대안을 찾아야 한다. 민영화, 국유화 방식 말고 다른 길이 있다는 것이 우리의 실천"이라고 강조했다. 정부의 긴축 기조로 파생된 현재의 매서운 국면에서, 민영화된 공공서비스들이 청년과 지역사회 주민들의 안녕(Well-Being)에 악영향을 미치는 일상의 현장 속에서, 구체적인 돌파구를 마련하는 것이 사회혁신이라는 것이다.

따라서 CUSE는 대학의 역할을 사회혁신을 위한 매개와 촉매제의 공간으로 설정한다. 대학 구성원과 지역사회에 능동적인 시민성(Active Citizenship)과 기업가정신, 사회적 가치를 심어 넣는(Embedding) 활동에 정진한다. 또한 다음 세대 젊은 사회혁신가와 기업가들을 키우고 고양시킨다. 이런 도전적인 활동을 위한 펀딩 기회를 연결하고 전략적 파트너십 관계를 만드는 생태계를 조성한다. 엔터프라이즈 허브와 같은 인큐베이팅 공간을 제공하고, 지역사회에 긍정적인 변화의 관여를 도모한다. 이들은 항시 강조한다. "사회적기업의 이익이 발생하면 곧 사회에 이익이 발생하는 것입니다." 대학은 (지역)사회를 이롭게 변화시키는 혁신 추동 플랫폼이자 양성소, 제작소다.

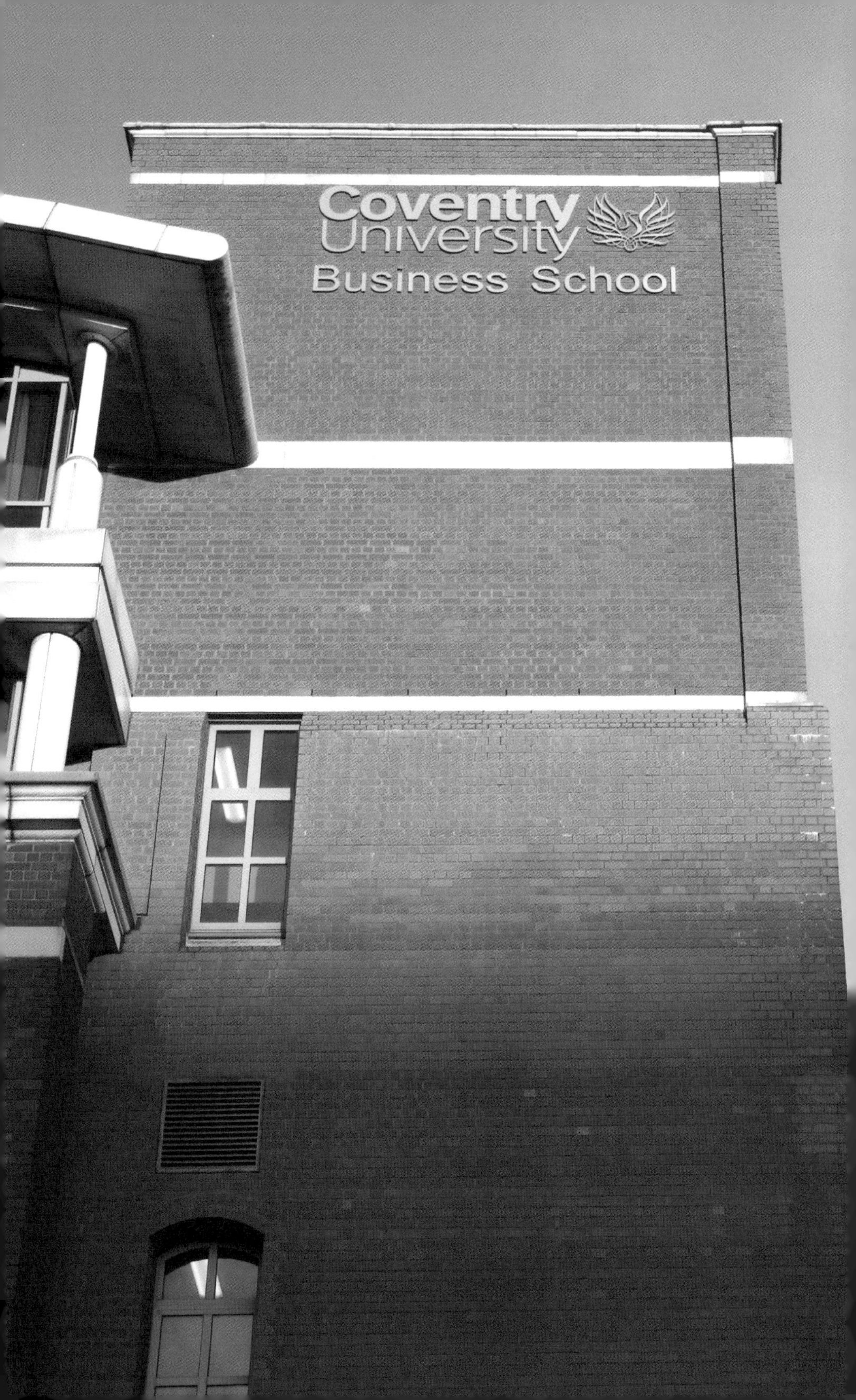
Coventry
University
Business School

상아탑을 '사회적'으로
적응시키는 노력들

학생, 연구원들에게 '사회혁신'의 씨앗을 뿌리다

나를 경영대 강의실로 데려간 일정에서도 이런 소개를 소리 높여 학생들 앞에서 설파하고 있었다. CUSE에서 비즈니스 개발 매니저로 일하고 있는 가브리엘라(Gabriela)는 수십 명의 경영대 학생과 교수들 앞에서 "사회를 더 좋은 곳으로 만들려는 동기로 비즈니스적 아이디어를 가지고 있다면 언제든 환영하며 도울 것"이라고 강조했다. 경영대라면 누구에게나 익숙할 '비즈니스' 개념에 더해, '사회적'을 함께 강조하는 발제에 대해 학생들은 흥미로워하는 분위기였다. 한 중동계 여학생은 호기심 어린 눈빛으로 "기술혁신에 대해서는 들어봤지만 사회혁신(Social Innovation)은 구체적으로 어떤 의미인지 궁금하다"는 질문을 던졌다. 가브리엘라는 웃으며 답했다.

"예컨대 사회적기업은 비즈니스를 통해 수익창출을 하지만 이는 기존의 영리기업의 동기와는 다르게 사회문제를 해결하고 지역공동체를 증진하기 위한 목적을 지닙니다. 우리는 시장에 참여하여

개척하지만. 이윤은 모두 사회적가치 창출이나 지역공동체에 재
투자하고요. CUSE도 마찬가지죠. 혁신의 개념을 사회를 더 살기
좋고 지속 가능하게 만드는 쪽으로 도입해 사용하는 것입니다."

코번트리대학의 경영학부에는 '사회 속에서의 비즈니스' 센터(CEN-
TRE FOR BUSINESS IN SOCIETY)라는 특화된 연구기관이 있었
다. 여기서는 순환경제와 지속 가능성 등 사회적으로 유용한 임팩트
를 낼 수 있는 비즈니스 실천과 방법론에 대해 연구하고 있었다. 30
여 명의 교수와 연구진들, 40여 명의 박사과정생들이 함께 꾸려가고
있었다. 이날 수업에서는 이 센터의 교수와 학생들이 자신들 연구에
대한 발제를 학부, 대학원생들 앞에서 이어가고 있었다. 그중 하나가
가브리엘라의 사회적기업 및 CUSE의 활동 소개였다.

가브리엘라의 이날 강의실 방문의 주요 목적은 '소셜임팩트 챌린지
(Social Impact Challenge)'에 도전해보라고 학생, 교직원들에게 독려
하는 것이었다. 사회적 비즈니스 아이디어가 있는 '스타트업'들을 지
원하는 최대 1만 파운드(약 1,550만 원) 규모의 펀딩 사업이었다. 그
녀는 "소셜벤처에 대한 아이디어가 있으면 누구든 응모 가능"하다
며 "삶의 현장 어디에서든 느끼는 사회적 도전을 비즈니스적으로 해
결할 수 있는 주제라면 무엇이든 괜찮다"고 소리를 높였다. 이를 지
원하기 위한 예산은 사회혁신과 관련한 잉글랜드 고등교육기금 등을

대학으로부터 확보해, 지속 가능한 사회적기업 육성과 연구에 통합적으로 사용하고 있었다.

한국의 관련 공모사업들과 크게 다른 점은 없어 보였다. 다만, 여기의 경우에는 보다 더 실질적, 직접적으로 말하면 "알짤없어" 보였다고 할까. "돈을 허투로 쓰는 게 없게끔" 하려는 경향성이 강해 보였다. "사회적 도전(Social Challenge)은 어떤 유형이든 괜찮고, 어떤 장소나 분야에서 사용하는 것도 제한이 없다"면서도 "다만, 반드시 경제적으로 지속 가능해야 하고 동시에 사회적 가치를 전달할 수 있어야 한다"고 강조했다. "그저 돈을 쓰기 위한 목적으로 이 펀딩을 사용하고 싶진 않다"고 분명히 언급하면서. 여기뿐만 아니라 곳곳의 실천 분위기가, 영국의 사회혁신 분야는 자선사업적인 관대성보다는 '지속 가능 생존'을 분명히 담보해야 하는 경향이 강해 보였다. "우리는 NGO가 아니라 비즈니스 주체"라는 인식이 뚜렷했다. 또한 사회적 목적의 경우에도 측정 가능한(Measurable) 가치를 선보일 수 있어야 하는 분위기가 강했다. CUSE도 홈페이지나 소개 자료를 통해 사회적기업 육성, 펀딩/투자 규모, 지역 주민 참여도 등을 주기적으로 수치화하여 일목요연하게 보여주게끔 하고 있었다.

소셜임팩트 챌린지는 가장 초기 단계의 아이디어를 실천 및 비즈니스로 연결하기 위한 마중물 역할을 하는 공모다. 선정이 되면 다시 체계적인 '사회적' 그리고 '비즈니스'라는 양자의 융합에 대해 계속적으로 배우고 가다듬고 전문가들에게 자문을 받는 기회를 정기적으로 갖는다. 그리고 단계별 지원이 이어진다. 선정되지 못하더라도 "당신의 아이디어가 현실화될 수 있는 다양한 지원을 모색하기 위해 계속 함께하기를" 권유하며 허브로 초대한다. 이처럼 CUSE는 대학 구성원들이 (지역)사회를 바꾸는 혁신가이자 기업가가 될 수 있도록 새싹을 발굴하고 견인해내는 일을 하고 있다.

연구를 통해 사회적 임팩트를: 경영을 위한 경영은 No!

대학은 연구의 주체이기도 하다. 연구기능과 사회적 실천, 지역사회 기여 등의 실질적인 선순환 구조를 만드는 것은 대학뿐 아니라 사회에도 지속 가능한 영향을 주는 지향성이다. 영국 대학들도 '상아탑' 처럼 자신에게만 갇혀 있다는 비판들이 있어 왔다. 대부분의 연구물 들은 그냥 책상 서랍 속에 파묻힌다. 대학과 지역사회에 자리한 사회적기업을 만들고 사회혁신을 추동하는 실천은 과연 대학 본연의 연구기능과 만나고 있는가. 앞서의 '사회 속에서의 비즈니스' 센터도 그런 역할을 하는 기관 중 하나였다. 그리고 '전환적 기업가정신을 위한 국제센터(International Centre for Transformational Entrepreneurship,

이하 ICTE)'도 그러했다. 대다수가 현대적 건축물로 이뤄진 모던 대학의 건물 중에서 가장 오래된 낡고 소박한 본관 깊숙이 자리한 센터를 찾아갔다. 그들이 말하는 '전환'이란 무엇일까.

> "한마디로 지속 가능한 사회경제적 전환을 지원하기 위하여, 지역공동체, 국가 및 국제단위에서 이러한 관점의 기업가정신을 키워나갈 수 있는 체계적인 접근을 지원하기 위해 만든 연구센터입니다."

센터의 문을 열자, 연구원인 피터(Pete Mcluskie) 박사가 이곳에 대해 소개를 시작했다. 그는 "우리는 기업가적인 리더십, 경영기법, 교육, 혁신에 대해 중점을 두고 있다"며 "또한 경제적 발전과 정책적 효과가 사회적 자본(Social Capital)을 형성하고 불평등을 줄일 수 있게끔 하는 방법론에 관심이 많다"고 말했다. 그리하여 크게 교육 분야와 연구 분야로 나눠서 팀을 이루고 있었다.

사실 영국에서도 젊은이들의 실업과 일자리 부족은 심각한 사회문제다. "미래를 책임지지 못하는 대학이 무슨 의미가 있냐"는 질문을 항시적으로 받고 있다고 한다. 따라서 정부 차원에서 취업, 창업 교육과 기업활동을 고취하기 위해 대학에 많은 지원을 해왔다. 코번트리대학과 ICTE의 문제의식은 "스타트업이라든지 경영교육 이런 것들이

너무 지나치게 경영대나 관련 전공 학생들에게만 초점이 맞춰 있었던 것"이라며 "다양한 배경과 전공 지식의 학생들을 함께 관여시키게끔 해야 한다"고 강조했다. 즉 ICTE의 연구와 교육은 특정 전공 분야에 속해 있는 게 아니라 전체론적 접근(Holistic Approach)으로 구성하였다. 그들은 경영대에만 '속해' 있는 연구센터가 아니라 다양한 학제 사이에 존재한다. 사회혁신을 추동하는 비즈니스 방법론은 '경영학'과 '비즈니스 스쿨'에서만 잉태될 수 없다는 문제의식이다.

또한 이들의 강조는 "경영을 위한 경영, 연구를 위한 연구"일 수 없다는 것. 즉 대학과 지역사회, 그리고 사회 전반에 적극적으로 기여할 수 있는 바에 대한 지향을 분명히 세우고, 이를 위해 혁신적 커리큘럼 개발, 관련 외부 프로젝트, 비즈니스와 스타트업 지원, 학술적 연구 등을 병행하여 전개하여야 한다는 것이다.

피터 박사는 경영과 기업가 리더십에 대해 전공한 사람이었다. "나는 마을만들기와 커뮤니티 기반 사회적경제에 대해 관심이 많다"고 했다. 외모는 피터 역시 '공동체'에 어울릴 법한 수더분하고 선한 얼굴을 하고 있었다. 그는 어색함이 없이 "함께 가야 할 주제"라고 말했다. 실제 그러한 측면에서 대학 내 실행 주체인 CUSE와 연결된다. 전공 분야를 넘나들고 또한 연구와 실천이 맞물리며 존재하는 학내 구조를 보며, 하이브리드(Hybrid)적인 성격을 지닌 사회혁신과 사회적 기업의 실체를 체감하고 있다.

또 하나 눈여겨볼 지점은, 이러한 연구 기관들의 존재 자체다. 코번트리대학은 과거 폴리텍대학에서 승격한 '모던 대학'들 중에서는 드물게 과감한 연구 분야 투자를 하고 있었다. 예컨대 지난 2014년 코번트리대학은 약 1억 파운드(1,550억 원 정도)의 예산을 향후 5년간 투자하겠다고 선언하였고, 이는 350명의 연구진과 1,000여 명의 박사과정생들을 유치한다는 계획과 실천 등으로 나타났다. 가르치는 기능을 중심(Teaching Institution)으로 하고 있는 다른 '폴리텍 출신' 대학들과는 다른 행보라고 한다. 그리고 연구가 사회적인 임팩트로 이어지고 선순환하게 할 수 있는 방법들도 꾸준히 모색하고 있는 기관들이 존재하는 분위기도 엿보였다.

국제학생 지원사업: 파키스탄 유학생,
영국 시장을 개척할 수 있을까?

도전하는 이방인 청년, 선발 or 선별하려는 국가

코번트리대학 사회적기업(CUSE)의 근거지 엔터프라이즈 허브에서 만난 청년 마함(Maham Sherwani)은 파키스탄 출신이었다. 그녀는 코번트리대학 학부를 졸업한 국제학생이었고, 이제는 영국에서의 정착을 위한 창업을 준비하고 있었다(Tier 1 Graduate Entrepreneur Scheme, 영국 대학 졸업생 중 유망한 창업 기업가들에게 비자를 제공하는 프로그램). 고국을 떠나 영국 사회에서 새로운 도전을 준비하는, 그들이 가진 재능을 기반으로 시장을 개척하여 사업을 시작하는 청년들을 지원하고 길러내는 역할 또한 CUSE에서 하고 있었다.

> "졸업하고 파키스탄으로 돌아갔지만, 다시 영국으로 돌아와 진로를 정해보고 싶었어요. 마침 졸업생 대상의 창업 지원 프로그램이 눈에 들어왔고, 잘 연결이 되어서 지금은 인큐베이팅 기간을 거치고 있죠."

^ 국제학생 친구들과. 오른쪽이 마함. 왼쪽 끝이 사와리. 중간 왼쪽이 후세인

그녀는 쾌활하고 자신감이 가득한 젊은 청년의 기운을 그대로 내뿜고 있었다. 유학생이었던 만큼, 그녀가 관심을 가지고 주목했던 필요와 비즈니스 모델은 '국제학생들'에게로 가고 있었다.

> "언어 문제로 힘들어하는 친구들을 너무도 많이 보아왔어요. 제가 자란 파키스탄에서는 어렸을 적부터 영어를 배워서 크게 어려움이 없었는데, 특히 아시아 친구들은 정말 많이 힘들어하더군요. 말은 안 통하지, 고향은 그립지, 하소연할 곳은 없지… 심지어 자살을 생각하는 친구까지 목격을 했죠."

∧ CUSE 스텝 후세인(왼쪽)이 유학생 청년 마함이 살짝 다친 것 같자 친언니같이 밴드를 붙여주고 있는 모습

마함은 국제학생들이 언어의 장벽 없이 소통을 증진하고 사회적 친밀감을 높여줄 수 있는 소셜네트워크, 미디어 관련 앱을 개발 중이라고 했다. 역시 파키스탄 출신으로 유학 생활을 했던 사와리(Shahwali Shayan)와 함께 비즈니스 아이디어를 구체화하고 있었다. 그리고 또 한 사람, CUSE에서 이 사업을 담당하고 있는 후세인(Summayyah Hussain)은, 담당 직원이라기보다는 언니처럼 누나처럼 이들에게 다가오고 있었다.

"비즈니스를 준비하기 위해 여기에 왔지만 꼭 비즈니스적인 지원만 하는 것은 아니죠. 사소한 안부부터 일상적인 소통, 심지어 가끔은 요리도 같이 해 먹으며 친밀감을 쌓고 있어요. 제가 또 인도 출신이라 이들과는 입맛도 잘 맞죠(웃음). 고향 생각날 때 내게로 오라! 특히 국제학생들 같은 경우에는 이러한 정서적이고 일상적인 지지도 매우 중요하고, 이것들 또한 우리의 역할이죠."

하이파이브를 하며 '언니' 같은 후세인을 맞은 마함은 다시 활짝 웃으며 입을 열었다.

"도전을 알아주고 지원할 곳이 없다면 가능성은 묻혀버릴 거예요. 창업과 관련한 노하우들은 물론이고, 소소한 일상의 정서적인 만남과 지원은 우리의 도전에 결정적인 역할을 하고 있죠. 여기 허브와 CUSE는 우리에게 중대한 이정표(Milestone)를 놓아준 곳인 셈이죠."

누군가 음악을 틀었다. 엔터프라이즈 허브 공간은 '사무실'이라기보다 소통하고 교류하고 만나는 곳이다. "음악이 흐르는 분위기 좋지요?" 그렇다고 그저 '허브'만은 아니다. 복층 구조로 이뤄진 공간이라, 계단을 밟고 올라가면 '짱박혀'서 골몰하며 연구나 문서 작업을할 수 있는 책상 자리도 있다. 1층에도 코너의 자투리 공간을 이용한 책상 자리가 있다(물론 지정 개인석은 아니다). 만남이든 회의든 문서작업이든, 누구든 들러서 편하게 머물며 꿈을 꿀 수 있는 공간으로 꾸렸다. 그 사이로 마함과 후세인의 편안한 대화와 웃음소리가 흘렀다.

1년 차인 마함은 이곳으로부터 자신의 아이디어를 구체화할 수 있도록 지원을 받고 있다. 공유사무실 지원과 함께 비즈니스 개발과 관련한 노하우가 쌓인 툴킷을 제공받는다. 또한 전문가와 기업가들로부터 매달 2시간 정도의 멘토링 서비스를 받고 있고, 학내외의 비즈니스 관련 프로그램에도 참여 기회가 열려 있다. 이러한 과정을 잘 거치면 다시 1년 더 머물 수 있는 비자를 제공받아 실질적인 사업 실행을 준비하게 된다. 쉽게 말해, 국제학생들은 졸업 이후에는 영국에 더 머물 수 있는 자격이 없지만, 이 프로그램에 참여하면 최대 2년을 더 머물며 영국에서 사회 진출을 모색할 수 있다. 후세인은 "이들이 한시적인 Tier 1 비자 상태를 넘어 정식 비즈니스 비자를 받고 영국에서 도전적인 사업을 할 수 있도록 안착시키는 것이 우리 프로그램의 최종 목적"이라고 말했다.

마함은 이제 1년을 더 연장할 수 있는 심사를 받아야 하고, 이를 위한 프레젠테이션을 준비하고 있다. 무한 긍정마인드로 보이는 그녀는 "힘든 것은 없냐"는 질문에 "어려운 건 자신감이나 도전의식이 결여될 때이지 다른 건 없다"며 "계속 도전의 끈을 이어갈 수 있도록 독려하고 북돋아 주는 곳이 바로 여기"라고 말했다.

희망과 희망고문 사이에서

물론 그녀와 사와리의 앞날이 순탄치만은 않을 것이다. 사업의 평가 표를 보니, 그들의 비즈니스가 "새로운 영역에 시장 사이의 공백과 틈(Gap)을 잘 포착해 개척"해야 하고 "가치가 잘 진술되고 개척할 시장의 위치와 생산물이 분명하게 정의되어야" 하며 "혁신적인 비즈니스로 다른 경쟁자들과 차별적인 위치를 점유"해야 하며 "수요나 생존 가능성 등이 입증"되게끔 등등의 노력을 해야 한다. 게다가 "기존 영국 시장에 존재하는 상품, 직업, 비즈니스를 해치거나 대체하지 않는(다른 사람들의 일자리를 침해하지 않는) 아이템"이어야 한다.

이 대목을 보며 순간 이 나라 사람들이 얄밉게도 느껴졌다. 결국 '알맹이만 쏙' 가져가겠다는 거 아닌가. 그들의 분명한 의도는 '새로운 시장을 개척해서 우리 사회에 도움이 될 사람'만 받겠다는 것이다. 게다가 지금은 영국은 물론이고 유럽, 전 세계적으로 각 나라들이 이민자들에게 적대적이고 문을 걸어 잠그고 있는 분위기다. 이방인에게도 관대하던 유럽의 사회국가 시스템은 계속해서 축소되고 있고, 영국 역시 그들이 자랑하던 무상의료 체계(NHS)도 이제 외국인은 물론 유학생에게도 무료가 아니다. 일정액의 보험료를 지불해야 한다. '국민'과 '이방인'을 확실히 구분해야 하는 '국민국가(Nation State)'의 태생적인 한계일 것이다.

마함과 사와리는 스스로 품은 꿈을 이룰 수 있을까? 코번트리의 국제 학생들과 이주민들이 뒤섞여 있는, 다문화적인 분위기가 정말 마음에 든다는 해맑은 두 이방인 젊은이의 앞날을 응원한다.

EU 청년들의 인턴십…
영국행을 선호하는 이유?

'시크하고 따뜻한 실천가' 에라스무스 프로그램 코디네이터 해리엇과의 대화

CUSE에서는 에라스무스 (Erasmus) 프로그램이라는 유럽연합(EU) 지원 사업도 실행하고 있었다. 이는 유럽연합 내 청년들을 위한 교류 프로그램이다. 특히 청년과 기업가를 연결하여, 관심 있는 타국 지역에 있는 기업체에 들어가서 청년들이 인턴십 과정을 거칠 수 있도록 유럽연합 차원에서 지원해주고 있었다. CUSE는 유럽 청년들이 코번트리 내 기업체에서 일해볼 수 있게끔 유치하거나, 코번트리 청년들이 다른 유럽 지역의 기업체에서 경험을 쌓아볼 수 있게끔 연결하고 지원하며 코디네이팅 하는 역할을 하고 있었다.

우리와 닮아 있는 청년들의 현실

Harriett Alice
EU Project Co-ordinator

Harriet is passionate about entrepreneurship, environmentalism, the circular economy and food, drink & retail sectors.

담당자는 해리엇(Harriett Alice, EU Project Co-ordinator)이었다. 코번트리가 고향인 젊은 영국 여성이었는데, 그녀는 "옆에 새로 지은 공간이 있는데 거기서 얘기 좀 합시다"라며 나를 이끌었다. 엔터프라이즈 허브 옆에 있는 보건계열 전공 건물이었다. 새 건축물답게 모던한 세련미를 갖추고 있었다. 간호사, 조산사, 구급대원 등 보건관련 직업인들을 양성하는 곳. 하얀 가운, 응급대원 복장 등을 입은 실습 학생들이 곳곳에서 돌아다니고 있었다. 대학 건축물 중 비교적 최근(2018년 1월) 개관을 했는데 당시 영국의 왕족(Loyal Family), 케임브리지의 공작 커플(The Duke and Duchess of Cambridge)도 참여해 눈길을 끌었다고 한다. 로열패밀리의 존재 자체가 내겐 새삼스러웠지만, 여기 사람들은 설왕설래는 있을지 몰라도 묵직한 존재들로 받아들이며 사는가 싶었다.

내부를 둘러보며 자연스럽게 이야기를 나눴다. 그녀는 에라스무스 프로그램에 대해 이렇게 말했다.

"청년들에게 새로운 시각과 관점, 경험을 할 수 있는 기회를 제공하는 것이 목적이죠. 실제로 이 프로그램을 통해 인생의 새로운 전환 기회로 받아들이며 길을 개척하는 사람들을 볼 때 보람을 느껴요."

"동참하는 지역 기업체에는 혹시 있을지 모를 매너리즘, 정체감 등을 다시 돌아보며 신선한(Fresh) 젊은 기운들을 불어넣을 수 있는 계기가 될 수 있죠. 다른 나라 청년들과 함께 국제적인 관계망도 쌓을 수 있는 기회고요."

해리엇은 도도하고 소위 '시크(Chic)'한 인상에 자기주관이 강해 보였다. 그녀는 지속 가능한 환경문제, 푸드체인, 채식, 순환경제 등 대안적인 활동들에도 관심이 많다고 했다. CUSE 에라스무스 프로그램 담당은 그녀의 전업이 아니라 파트타임 일이었다. 실제 CUSE 직원들 중에는 이렇게 다른 자기 일을 하면서 코디네이터 역할을 병행하는 사람들도 몇몇 있었다. 그녀는 "푸드트럭 등을 통한 먹거리(특히 채식) 이벤트 등을 운영하는 사회적 비즈니스도 하고 있다"고 했다. 지금의 먹거리 시스템이 낭비와 부조리, 착취, 병듦을 초래하며 "채식이 지구를 구하는 일"이라고 강조하면서.

"나 같으면 북유럽을 갈 것 같은데…" 영어라는 언어가 가진 기득권
이어서 에라스무스에 대해 물었다. 영국의 청년들은 어디로 많이 가는가? 프랑스, 독일, 스페인, 이탈리아 등을 선호한단다. 아무래도 서유럽의 선진

국들을 선호하는 경향이 나타난다고 하면서. 그렇다면 유럽의 전반적인 청년들은? 해리엇은 아이러니한 표정을 지으면서 "영국"이라고 답했다.

> "솔직히 나 같으면 북유럽 쪽을 갈 거 같은데. 영국에 많이 오고 싶어 하더라고요. 우리나라가 사실 뭐 더 잘하는 게 있던가?(웃음) 아마도 영어 때문에 그런 거 같아요. 국제적으로 중요한 언어이다 보니 말이죠."

그녀는 비판적인 사람이었다. 솔직히 영어 빼면 메리트가 있는가? 굳이 다른 더 좋은 곳들도 많은데 영국을 찾을 이유는 없을 거 같단다. 또한 영국 사람들은 특히 언어에 게으르다고 말했다. 어딜 가든 대충 말해도 어지간

하면 통하니, 새로운 언어를 배우기 위한 동기부여가 크지 않고 안이하게 생각한다는 것이다. 확실히 '언어 기득권'이 있다. 여기 코번트리는 물론 영국에 존재하는 수많은 국제학생들, 그들을 유인하는 가장 강한 동기 중 하나는 영어일 것이다. 그러고 보니 나도 상대적으로 다른 언어보다 익숙하고 알아들을 수 있기에 지금 여기에 와서 이들을 만나 배우고 있는 측면이 강하지 않은가!

해리엇은 이처럼 시크하고 비판적이었지만, 동시에 타인에 대한 관심이 큰 따뜻한 사람으로 보였다. 에라스무스 프로그램을 통해 젊은이들을 만날 때 항상 가장 강조하는 게 "너는 할 수 있다", "그렇게 해도 돼"라고 말해주고 북돋는 것이라고 했다. 거절과 냉대, 주저함과 머뭇거림이 아니라 "네, 그래요, 해봐요(Say Yes)"라고 수용하고 지지해주는 게 중요하다는 것이다. 그녀 역시 젊은 청년이기도 했지만, 지금의 청년들은 어딘가 주눅이 들어 있고 등록금 빚 등 때문에 실제로 부담이 크고 취업이 어려워 절망감에 사로잡혀 있다고 했다. 한국과도 굉장히 닮아 있는 모습이었다. 해리엇은 긍정적인 마음을 한껏 담아 'Yes'라고 말하며, 숨통을 트는 기회를 하나라도 제공하는 게 자신의 역할이라고 했다.

그녀는 따뜻한 실천가였다.

'물가 싼'
대학도시에서의 일상

젊은 학생들로 가득한 '대학도시'에서 엿보이는 딜레마

코벤트리의 도심은 세계 각지에서 온 젊은 대학생들로 가득하다. 주민들은 "방학이면 학생들이 고향으로 가기 때문에 순간 동네가 썰렁해진다"고 말하곤 한다. 코번트리대학은 코번트리시의 중심부를 묵직하게 차지하고 있다. 약 3만여 명의 학생들이 시내를 항시적으로 오락가락하며 먹고 자고 공부하고 놀고 쇼핑하고 있기 때문이다. 이들이 이용하는 공간들, 학교뿐만이 아니고 식당, 쇼핑시설, 레저시설, 기숙사 등이 코번트리 시내 경제를 견인하는 주요한 요인이 아닐 수 없다.

이런 대학가 도시에는 특징이 있다. 우선, 상대적으로 물가가 저렴한 편이다. 구매력이 낮은 젊은이들이 주요 소비자이기 때문이다. 코번트리에 도착한 첫날, 학생들이 우르르 몰려 있는 한 중국식당에 들어가 저녁식사를 했다. 갖가지 중국요리들을 뷔페식으로 차려놓고 '접시 크기'별로 요금을 내는 곳이었다. 약 5.5파운드(약 8,000~9,000원) 정도면 중간 사이즈 크기의

한 끼를 꽤 푸짐하게 해결할 수 있었다. 어지간한 외식의 경우에 최소 10파운드(메인요리만, 음료나 사이드 음식은 별도) 이상은 줘야 하는 다른 음식점들에 비하면 영국에서는 저렴한 가격이다. 오랜만에 먹는 익숙한 동양 음식이라 입맛에 잘 맞아서 가격 대비 만족스러웠다.

옆에 앉아 있던 중국에서 온 여학생은 한국인 친구와 수다를 떨며 저녁을 먹고 있었다. 그녀는 나와 똑같은 사이즈의 뷔페요리를 가져다가, 꼭 절반을 따로 가르더니 천천히 저녁을 음미하고 있었다. "나는 여기 오면 음식 절반은 싸가지고 가. 그럼 두 끼를 해결할 수 있잖아." 사실 따지고 보면 5파운드도 학생들 입장에서는 싼 가격은 아니다. 그래도 여기는 '살인적인 물가'라는 영국. 학생식당도 5파운드는 줘야 한 끼를 먹을 수 있는 곳이다 (물론 샌드위치 같은 간편식은 마트부터 카페까지 여러 종류가 있기에 2~3 파운드 정도로도 해결이 가능하다). 우리나라 학생식당과 비교해도 2~3배 정도는 비싼 편이다. 게다가 여기 중식당은 뷔페식이니, 요기가 될 만한 칼로리 있는 음식들을 골라 담아서 '두 끼 같은 한 끼'를 만들 수도 있다. 돈 없는 대학생, 게다가 감당하기 힘든 물가 수준의 나라에 있는 유학생이라면 이렇게 때우는 것도 무리는 아니다.

여하튼, 그렇다 하더라도, 코번트리에는 이 정도 수준의 저렴한 식당들이 상당히 있는 편이다. 여기 오기 전에 들렀던 배스(Bath, 고대 로마인이 건설한 온천도시로 유명함. 유네스코 세계문화유산으로 지정됨)는 여행객들이 우글거리는 대표적인 관광도시였는데, 거기와 비교하면 확연히 차이가 느껴졌다. 코번트리에 있는 대중적인 느낌의 중국식당, 이태리음식점, 터키음식점, 펍푸드(Pub food, 대중술집인 '펍'에서 파는 음식들), 기타 이런저런 식당들은 1인당 10파운드 미만으로도 해결할 수 있는 곳들이 상당수였다. 배

스의 경우에는 대부분 최소한 10파운드 이상을 줘야 했다(비스트로나 레스토랑 같은 곳에서 2코스 이상에 음료 한 잔 정도 하면 20~30파운드는 기본). 또한 저렴한 생필품 가게, 마트 등도 여럿 있었다. 그러나 반대로 고급스러운 혹은 정갈한 베이커리나 식료품점, 전통적인 영국풍 식당 등은 굉장히 드물었다. 학생들은 주로 대형 마트에서 저렴한 빵과 식료품을 구매했다.

도시의 활력인 학생들, 그러나…

"딜레마다. 학생들이 대부분이기 때문에 대부분의 상권들도 그들에게 맞춰져 있다. 실제 학생들이 없다면 코번트리 도심의 경제활동은 멈춰버릴 것이다. 그들은 도시의 활력이다. 그러나 코번트리는 '문화도시' 프로젝트 등을 통해 문화와 관광을 통한 재생을 꿈꾸고 있기도 하다. 관광객 등은 전통적인 영국식 혹은 로컬한 물건, 음식, 관련 상품들을 선호할 것이다. 학생들의 필요와는 맞지 않는 측면이다."

CUSE 직원들과의 회식자리에서 만난 남아프리카공화국 출신의 기업컨설턴트가 해준 말이다. 젊은 기운이 만연한 대학가의 모던한 '드라이퍼(Drapers)'라는 펍(Pub, 대중술집)에서, 그는 맥주 1파인트(약 568ml)를 한 잔 더 권하며 대학을 중심으로 조성되고 있는 도시의 양면성에 대해 말을 했다.

이곳의 회식 분위기는 가볍고 자유로웠다. 아예 퇴근 시간을 앞당겨서 오후 5시부터 시작을 했다. 그리고 각자 마시고 싶은 음료(주로 맥주였고 무알콜 음료를 마시는 사람도 있었다. 펍에는 그 밖에도 위스키, 칵테일 등 다양한 술을 팔고 있었다)를 카운터에서 각자 계산하고 한 잔씩 들고 테이블에 앉아서 대화를 이어갔다. 나는 손님 대접을 해주는지 고맙게도 그들이 사줬다. 그렇게 편하게 이야기를 나누다가 각자의 일정에 맞춰서 자리에서 일어났다. 예컨대 어린아이를 키우는 엄마나 아빠의 경우, 30분 정도 수다를 떨다가 인사를 하고는 먼저 나가는 모습이었다. 저녁 6시 30분경에는 대부분 자리를 뜬 상태였다.

코번트리에서도 중국인들은 유학생 중 절대다수를 차지하고 있다. 그들의 흔적은 도심의 상권에도 반영된다. 대학 안팎의 시내를 걷다 보면, 중식당들은 물론 아시안 식료품점들도 흔히 보인다. 그리고 한쪽 코너에는 한국 식료품들도 있었다. 초코파이와 같은 과자류부터 라면, 김치, 음료 등등 웬만한 건 다 있었다. 여기 살면 입맛이 안 맞아서 느끼는 향수병은 조금 덜하겠구나. 식료품점의 물가도 우리나라에 비해 조금 비싸긴 했지만 2~3배의 터무니 없는 가격은 아니었다. 심지어 냉동으로 된 떡국 떡도 있었다.

때는 설날이 다가오고 있는 2월 겨울이었다. 아시안 식료품점에 들러 떡국 떡과 김치, 한국 간장, 김, 이런저런 식재료를 사다가 내 나름 근사한, 오랜만에 고향의 맛을 듬뿍 담은 떡국을 끓여 먹었다. 중국인들이 많아서 덩달아 이런

덕을 볼 때도 있구나. 음력으로 새해를 쇠는 중국 학생들 역시, 이즈음 새해맞이 행사들을 곳곳에서 하고 있었다. 많은 아시안 학생들이 이 마트에서 장을 봐다가 음식을 해 먹는 모습이었다. 물론 주로는 테스코(Tesco)나 세인스베리(Sainsbury, 영국의 마트 체인) 같은 대형 마트에서 장을 봐다가 해 먹을 것이다. 그것도 아니면 학생식당이나 대학 근처의 5파운드 안팎으로 먹을 수 있는 저렴한 식당을 전전하기도 할 것이다. 가난한 청춘 유학생들에게는 그래도 숨통이 트일 만한 대학도시에서의 생활상이다.

PART 3

코번트리에서 만난
사회혁신 그룹들

: 방치되고 소외된 곳에서 피어나다

∧ 대성당 첨탑에서 바라본 코번트리 도심지 전경. 대학 건물들이 도시 곳곳에 뒤섞여 있다.

당신의 도시, 당신의 대학
Your City, Your University

도시 한복판에 녹아 있는 대학, 상생의 경험과 프로젝트

"우리 대학은 도시에 기반을 두고 있고 도시를 위해 여기에 존재
합니다. 따라서 우리는 코번트리의 번영을 위해 지역공동체와 더
불어 함께해 나가는 데 헌신하고 있습니다. 우리는 지역 주민, 학
교, 자선단체, 자원봉사 조직과의 연결망을 형성하여 모든 코번트
리 주민들의 삶을 향상시켜 나가고자 합니다."

코번트리 시내는 대학이 곧 도시고 도시가 대학이라고 할 정도로 캠
퍼스와 도심지가 서로 밀접하게 뒤섞여 존재하고 있다. 따라서 대학
과 도시는 운명공동체라고도 할 수 있다. 대학과 시내 곳곳에는 '당
신의 도시, 당신의 대학(Your City, Your University)' 캠페인 홍보물이
여기저기 눈에 들어온다. 대학은 도시의 파트너이자 주요 기반시설
이고, 도시는 대학의 터전이고 발전을 위한 동반자이기도 하다. 앞서
소개한 코번트리가 영국의 '문화 도시(UK City of Culture in 2021)'
로 선정되는 과정에서도, 대학과 도시는 밀접하게 협업을 하여 양자

모두의 활로를 개척하는 문화적 재생 프로젝트를 성사시켰다.

도시와 캠퍼스 곳곳에 붙여진 커다란 사진과 문구가 담긴 홍보물에는 다양한 '함께했던' 경험과 사례들이 들어 있다. 가령 이렇다. 코번트리대학 병원에서 태어나, 이제는 이 대학에서 조산사 훈련과정을 밟고 있는 젊은 청년(Rhea Craven)은, 역시 여기서 태어난 아기를 바라보며 환하게 웃고 있다.

> "제가 태어난 이 지역 병원에서 조산사 훈련을 받고 있다는 점,
> 감정적인 연결을 선사하고 있죠. 우리 엄마가 저를 가졌을 때 도
> 움을 받았듯, 이제는 제가 새로운 엄마들을 돕는 일을 매우 사랑
> 합니다."

아기의 엄마이자 지역 주민(Claire Tennant)은 "훌륭한 병원과 연결된 대학을 가진 행운을 코번트리는 지니고 있습니다. 우리 지역사회는 지속적인 의료서비스 훈련의 흐름을 가지고 있는 것이죠"라며 아이를 안은 채 아마도 이웃일 젊은 조산사를 바라보며 흡족한 표정을 짓고 있다.

1천 명 이상의 학교, 교직원 등 지역공동체 프로그램에 참여 중

다시 걷다가 보이는 도시-대학 캠페인 포스터에는 예술인들의 모습이 커다랗게 담겨 있다.

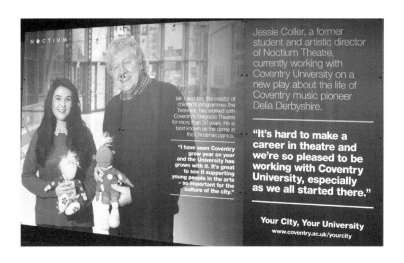

"저는 코번트리가 매년 성장하는 모습을 지켜봐 왔고 코번트리대학 또한 그와 함께 성장해왔습니다. 대학이 지역사회의 예술 분야 청년들을 지원하고 있는 모습은 제겐 매우 보기 좋습니다."

(Iain Lauchlan)

"공연장에서 커리어를 만들어가는 건 매우 어렵습니다. (대학과 지역사회 등의 연결을 통해) 코번트리대학과 예술 공연과 관련한 일을 하며 커리어를 이어가고 있는 것이 매우 기쁩니다."

(Jessie Coller)

매년 1천 명 이상의 학생, 교직원 자원봉사자들이 지역공동체 프로젝트에 참여하고 있다고 대학은 밝히고 있다. 지역 학교를 방문해 아이들과 청소년들의 학습과 예체능 활동 지원, 지역의 거리환경 개선, 안전 증진을 위해 협업하기, 지역 어르신들의 컴퓨터와 디지털 기술을 향상시켜 주기 위한 활동, 아이들과 어른들의 기술적 상상력과 실천을 펼쳐볼 수 있게끔 공간과 장비를 개방하는 Fab Lab 프로그램 등 다양한 형태로 이뤄지고 있다. 또한 학교의 연구자들이 지역사회 단체와 협업하여 사회적 문제를 해결하고 지역공동체 관계망을 증진하기 위한 프로젝트인 '감사의 벽(Gratitude Wall)' 등 소소하지만 재미있는 기획을 통한 이벤트성 프로그램들도 꾸준히 시행하고 있었다.

이처럼 코번트리는 대학과 도시가 함께 한배를 탄 채 손잡고 미래를

개척해가고 있는 모습이었다. 가장 인상 깊었던 활동과 공간은 한 수도사의 초대로부터 다가왔다. 코번트리대학 사회적기업(CUSE) 회식 자리에서 만난 중년 남성 폴(Paul Curtis)은 자신을 '수도사(Monk)'라고 소개했다. 수도사가 왜 이 요란하고 시끌벅적한 맥줏집에서 자연스럽게 술을 마시고 있을까? 재차 정말 당신이 수도사가 맞느냐고 묻자, 그는 "정말 그렇다"고 웃으며 답했다. 계속 의아해하는 나를 보며, 심지어 "수도원(Priory)에 놀러 오라"고 초대까지 하고 있었다.

그의 거처는 도심 한복판이었다.

Your City, Your University

www.coventry.ac.uk/yourcity

부활한 '커뮤니티 수도원', 과거에 생명을 불어넣다
: Priory Visitor Centre

수도원은 도심 한가운데의 코번트리 대성당과 인접해 있었다. 이끼 묻은 옛 벽돌들과 현대적으로 재생한 세련된 담벼락이 그 나름 근사하게 어우러진 채 이방인을 맞이하고 있었다. 코번트리에 세워진 첫 번째 성당이자 수도원 자리를 폭격의 폐허 속에서도 지키고 있는 곳, 1천 년이 넘는 시간을 간직하고 있는 수도원 방문자센터(Priory Visitor Centre)는 정말로 오리지널 수도원이자 계속해서 옛 모습을 지키고 발굴해내려 애쓰고 있는 곳이었다.

물론 종교적 수도생활을 하는 수도회는 이제 여기에선 자취를 감췄다. 그러나 폴은 실제 그 시절 검정색의 수수한 수도복을 입은 수도사의 풍모로 나를 맞이했다. 그는 마을의 역사 자체인 이 공간을 원래 그대로 보존하고 유지해나가기 위한 해설사이자 지킴이 역할을 하고 있었다.

이 역사적 공간이 이렇게 유지되고 있는 데에는 사실 아픈 사연이 있었다. 지난 2008년 금융위기 이후 지속된 영국 정부의 긴축(Auster-

∧ Priory Visitor Centre 들어가는 입구.
　과거의 터에 모던한 양식으로 재생한 흔적들이 뒤섞여 있다.

∨ 이곳으로 초대한 수도사 폴과 코번트리에 동행한 아내, 수도원 앞에서.

ity) 정책으로 인해 많은 지방정부 예산 등이 삭감되었고, 그 타격은 이러한 역사문화자원을 관리하는 영역에까지 퍼졌다. 지난 2016년 코번트리 시정부(Council)는 예산 삭감으로 인해 이 공간의 운영 중단과 폐쇄를 결정했다. 당시 전문가들은 "비극이고 대단한 불명예", "문화예술에 대한 시정부의 삭감은 장기적으로 끔찍한(Appalling) 효과를 낳을 것"이라며 지역사회의 역사적 보고이자 문화적 자산, 종교적 성소가 계속 유지되지 못하는 데 대해 개탄을 금치 못했다.

결국 정부가 뒤로 빠져버린 공간을 살린 것은 지역공동체였다. 주민과 사회적기업, 대학, 자원봉사 그룹 등이 힘을 합쳐 이 공간을 살리려는 운동을 전개했다. '수도원을 지키자(SaveThePriory)' 캠페인 등을 벌인 끝에 지역공동체가 주도하는 공동체이익회사(Community Interest Company)를 결성해 이 비어버린 공간을 도맡아 운영하기로 뜻을 모았다. 문을 닫은 지 정확히 1년 후인 2017년 5월, 익숙한 공간에 다시 모여 새롭게 재오픈 세리머니를 진행했다. 지방정부 역시 연간 약 10만 파운드(약 1억 5천5백만 원)에 달하는, 최고 책임자(Council Chief Executive) 연봉의 약 절반에 해당한다는 예산을 줄이는 효과를 거두는 이 안을 마다할 리 있겠는가.

∧ 수도원 내부. 그동안 이곳을 재생하기 위한 활동들이 담긴 신문기사 글 등이 스크랩 되어 있다.

정부가 발 뺀 역사문화 공간, 마을기반 사회적기업이 인수하다

> "우리는 이제 커뮤니티에 의해, 커뮤니티를 위해 운영하는 커뮤니티 뮤지엄이다."

함께 활동해온 한 자원봉사자 매니저(Alan Jephcott)가 지역 언론에 했던 말이다. 그는 재오픈 이후 진행되었던 크라우드펀딩에 동참을 촉구하며 "이 아름다운 공간이 다시는 문을 닫지 않고 지역 주민들과 여행객들을 맞이했으면 한다"고 말했다. 또한 "지역 주민들을 고용하고 지역의 청년들에게는 문화, 레저, 관광 등과 관련한 견습(Apprenticeship)을 제공하는 공간으로서 만들어가고자 한다"고 덧붙였다.

이처럼 Priory는 정부의 보조 없이 자립적으로 운영하는 공간으로의 유지 보존을 추진 중이다. 주민들의 기부와 자원봉사는 물론, 다양한 지역사회 이벤트 공간(미팅, 세리머니, 파티, 교육 등을 위해 도심에서 이만한 특별한 곳이 없다며!), 역사문화와 관광 콘텐츠사업, 로컬 문화예술인들의 창작물 판매 공간 등으로 활용하며 커뮤니티 비즈니스를 통해 단절을 넘어 과거와 손잡고 미래로 나아가기를 꿈꾸고 있다.

코번트리대학과 CUSE도 이 과정에서 톡톡한 지원자 역할을 했다. 캐롤(Carole Donnelly)은 CUSE의 중견 스텝이면서 커뮤니티 활성

∧ 수도원 내부. 발굴된 유적 등을 보존하며 전시하고 있다.

화와 특히 오래된 유적, 건축물들을 유지 보존하는 일에 관심이 많은 활동가였다. 그녀는 이 되살리기 프로젝트에 적극 결합하여 자원을 연계하고 활동을 조직하는 데 줄곧 함께했다. 예컨대 1만 파운드(약 1,550만 원)를 CUSE로부터 지원받아 재오픈 활동에 투자하기도 했다. 그녀는 지금도 수시로 이곳을 오가며, 역사적 자산의 지역공동체 주도 운영의 성공을 위해 고군분투하고 있었다.

> "놀라운 일입니다. 우리 힘을 합쳐 도심의 유서 깊은 공간을 되살려내고 그곳의 스토리가 계속 이어지며 다음 세대에게도 영감을 줄 수 있게끔 나서서 움직이고 있다는 것이!"

그녀는 열정적인 커뮤니티 활동가였다. 그녀에게 이 일은 단순히 '업무'가 아니었다. 주말에도 나를 이곳으로 오라고 독려했다. "흥미로운 장터가 열리니 꼭 놀러 오세요!" 소박한 창작물들이 고풍스러운 터에서 반짝거리고 있었다. 머무는 동안 CUSE 엔터프라이즈 허브에서 늘 만나던 그녀를 휴일인 토요일에도 다시 만났다. 캐롤은 2018년 국제여성의날 행사에서 동료인 가브리엘라와 함께 '대학과 지역사회의 연결을 강화하는 활동'에 대한 공로로 대학으로부터 표창을 받았다. 2019년에는 Priory 되살림 활동 등 도시와 협력해서 일한 성과 등을 인정받아 마을기업(공동체이익회사, CIC) 분야의 '성취한 여성상(Woman Who Achieves Awards)'을 받기도 했다.

"다시 문을 연 이후에 우리는 코번트리 주민과 국내는 물론 세계 각지의 관광객들, 비즈니스맨, 공연 감독들 등 다양한 분야의 사람들을 반갑게 맞이해왔어요. 레이디 고디바(Lady Godiva), 중세의 종교적 중심지, 헨리 8세 등 이 공간과 관련된 다양한 역사적 사연과 문화적 이야기들을 공유하며 공간의 가치에 대해 알렸죠."

그녀의 꿈은 지역공동체에 의한 지역자산의 운영, 즉 사회적기업이자 공동체이익회사로서 관계망, 기부, 비즈니스 등 다양한 자원, 수입원, 수단을 통해 이 유서 깊은 공간을 계속해서 유지해나가는 것이다.

"정말 커다란 자부심을 느낍니다. 함께 만들어나갈 미래를 향해 작은 돌 하나를 얹는 역할을 하고 있다는 것을!"

'불사조'처럼 다시 살아난 수도원, 수도사 그리고 코번트리

처음 나를 이곳으로 초대한 수도사 폴, 그는 "코번트리대학 사회적기업에서 이 놀라운 공간을 지키는 데 함께해온 것에 대해 매우 기쁘게 생각한다"며 "코번트리대학은 미래를 지원하며 과거에 생명을 불어넣었다"고 말했다. 폴과 캐롤은 지역사회와 대학이 협력해 함께 이 공간을 살려나간 상징 인물들로서, 도시 곳곳에 캠페인 포스터의 등

∧ 수도사 폴과 CUSE의 캐롤.
협력해서 재생시킨 공간에 대한 소개 등을 담고 있다.

장인물로 환하게 내걸려 있기도 했다.

폴의 배려로 나는 '개별 가이드'를 받으며 이 공간을 쭉 둘러보는 호사스러운 시간을 가졌다. 수도사 복장을 정중하게 입은 그는 기실 쾌활한 이야기꾼이었다. 과거 속으로 시간여행을 떠나듯, 수도원 공간들을 옛날 수도사들이 취했을 포즈를 재현까지 해가며 실감 나는 안내를 해주었다. 옛날 수도원장이 1535년 오스버그 성인 축일에 남긴 글귀에는 많은 순례객들이 이곳을 찾은 날들을 보여주고 있었다.

> "코번트리 심장부에 위치한, 이 훌륭한 베네딕토 수도회에 방문한 순례자 여러분을 환영합니다. 여기서 우리 형제 수도사들과 나는 하느님을 섬기며 매일 8시간씩 기도와 예배를 드리고 있습니다."

코번트리 대성당의 무너진 모습처럼, 이곳 역시 많은 부분이 훼손되어 있었다. 그러나 여전히 묵직한 터, 돌, 담벼락, 스테인드글라스, 기둥, 장식물 등은 곳곳에 세월의 더께를 간직한 채, 후손들에 의해 발굴되고 재건되고 다시 현재의 공간으로 재탄생했다. 비주얼 컴퓨터 등 현대적인 기술을 활용해, 사라지거나 무너진 부분을 시각적으로 다시 재현하는 작업도 하고 있었다.

폴은 옛 수도원의 지하 공간(Undercroft)으로도 안내했다. "이 중세의 돌들을 보세요." 성당의 주춧돌 등으로 사용했을, 그러나 지금은 파편화된 유적들이 한가득 선반에 놓여 있었다. 슬쩍 들더니 내 가슴에 안겨주기도 했다. 황토색의 돌덩이는 그저 묵직했다. 이어 무너진 벽들을 가리키며 말을 이었다. "헨리 8세가 종교개혁(영국 성공회 창설) 한답시고 당시의 성당, 수도원들을 무참히 파괴했죠. 끔찍한 왕이었어요!"

수도사 폴은 코번트리와 이 공간에 대한 자부심이 대단했다. 그의 고향인 코번트리에서 그의 전공이기도 한 역사를 품에 안고, 지역공동

∨ 무너지고 해졌지만, 옛터를 보존하고 있는 수도원 지하 공간

체와 함께 유산을 알리고 경영해나가는 일을 하는 것이 무척 자랑스럽다고 연신 목소리를 높였다. 그의 소개처럼 코번트리는 중세시대 잉글랜드의 가장 번성한 도시 중 하나였고 종교적으로도 그러했다. 그런 역사적 유산이 지금은 많이 소실되거나 현대사를 거치며 파괴되기도 했지만, 게다가 정부마저 손을 놓아버린 순간이었지만, 결국 폴과 같은 주민들이 나서서 지역을 되살리고 있다.

> "코번트리는 도시 자체가 '재창조(Reinvent)'로 유명합니다. 도시(와 대학)의 엠블럼이 잿더미에서 날아오르는 불사조(Phoenix, 전후 망가진 도시를 재건하는 프로젝트명도 Phoenix였다)죠. 많은 학생과 젊은이들도 여기서 이 지역적이고 역사적인 산물을 보고 배우고 영감을 얻는다면 얼마나 환상적인 일인가요?"

CUSE 소속으로 함께 이곳을 지원해온 마리아마의 말이다. 사각형으로 이루어진 수도원의 복도(Cloister)로 나왔다. 지붕은 없어지고 그러나 수없이 오갔을 수도사들의 발자국과 경건한 기도 소리는 겹겹이 쌓여 있을, 역사를 떠안고 세련된 모던미를 넣어 새 단장한 공간을 지나 출구로 향했다. "과거에 생명을 불어넣어" 미래로 향하고 있는 코번트리안들이 내뿜는 혁신의 기운을 한껏 흡입하며 천천히 발걸음을 옮겼다.

그녀를 병으로 떠나보내다.
돌봄지원 소셜플랫폼을 만들다: Carenet365

소중한 사람이 떠나며 남긴 유산, 돌봄지원 사회적기업 Nic's Legacy

코번트리에 머무는 동안, 코번트리대학 사회적기업(CUSE) 스텝들은 친절하게도 나를 위한 일정표를 꼼꼼하게 만들어줬다. 일정 중에는 대학 안팎에서 진행된 '사회적 가치 불어넣기' 교육, 스텝들의 일하는 현장 쫓아다니기, 개별 면담, 각종 네트워크 회의와 행사 참여, 크고 작은 비공식 모임 등이 포함되어 있었다. 게다가 코번트리에서 활동하는 사회적기업가 등 사회혁신 실천가들과의 만남도 곳곳에서 주선해주었다. 엔터프라이즈 허브에서 자주 마주치며 눈인사만 주고받고 있었던 수더분한 인상의 중년 여성인 헬렌(Helen Brewster)은 사회적기업이자 공동체이익회사(Community Interest Company, CIC)인 Nic's Legacy(이하 '닉스')의 공동창업자이자 상무이사로 일하고 있었다.

차분하게 이야기를 나누기 위해, 허브에 있는 자그마한 2인용 회의실에서 그녀와 마주 보고 앉았다. 회사의 이름이 독특해서 사연을 물었다. 닉이란 사람이 남긴 유물이라니 무슨 뜻일까.

"저의 절친한 친구였던 사랑하는 닉을 떠나보내며, 아픈 이를 돌보는 일에 대한 가슴 깊은 성찰의 결과로 만들었어요. 그녀는 폐와 머리에 암이 생겼고, 진단받은 지 4개월 만에 세상을 떠났어요. 거우 35살 나이에 말이죠. 그녀의 남편이자 우리 회사의 공동 창업자이기도 한 제이미(Jamie)는 그녀를 위해 하루 24시간, 한 주에 7일을 꼬박 돌봐야 했죠. 제이미는 닉을 잃은 슬픔에 더해 혼자 감당해야 했을 돌봄에 대한 무리한 부담으로 그 스스로의 심신 건강도 해쳐야 했죠. 8년이 지난 지금도 그 영향은 남아 있어요."

안타깝게 세상을 떠난 친구가 남긴 유산, 아픈 그녀를 마주하며 가족과 주변 사람들이 겪었던 '돌봄(Care)'에 대한 구체적이고 절절한 문제의식을 가지고 탄생한 사회적기업이 '닉스'인 셈이다. 아픈 그녀와 마지막 순간이라도 행복한 날들을 보내고 싶었던 애잔한 바람이 이제 기업가가 된 친구와 남편의 말 속에 그대로 녹아 있는 듯했다. 사실 이런 돌봄의 문제는 그들만의 문제가 아니다. 한 식구가, 친구가 아프면 주변 사람도 아프다. 누군가는 챙기고 돌봐야 한다. 자기 자신도 추스르기 힘든 점점 팍팍해지는 현실에서, 아무리 사랑하는 가족이라 할지라도 타인을, 그것도 병든 사람을 돌봐야 한다는 것은 결코 쉬운 일이 아니다. '간병살인'이라는 책도 일본에서 발매돼 큰 반향을 주지 않았던가. 계속 고령화되고 병을 '달고' 살아가야 할 현대사회일수록 이런 문제는 앞으로 더욱 심각한 사회문제로 대두될 것이다.

결국 누가 돌보는가, 어떻게 돌볼 것인가?

영국은 이런 문제가 덜할 줄 알았다. '무상의료'로 잘 알려진 나라, 영국이 자랑하는 NHS(국민건강서비스)에서 의료복지체계를 통해 사회적으로 부담을 덜어주고 있을 것이라 생각했다. 헬렌은 고개를 저었다.

"(앞서 계속적으로 제기된)정부의 긴축(Austerity) 기조로 인해,

NHS와 사회적 돌봄에 대한 예산 및 서비스 삭감의 압력이 지속되어 왔어요. 단순히 병원 가는 건 무료일지 모르지만, 결국 이것 저것 챙기고 보살피는 등등 일상적인 돌봄 영역은 주변 가족들이 주요하게 떠맡게(Primary Carer) 되는 경우가 많아요."

사실 제아무리 병원이 있고 케어센터가 있어도 돌봄의 영역에는 '비는' 부분들이 많다. 아픈 사람의 일상을 챙기는 일은 시도 때도 없다. 입원 혹은 입소해 지내는 것이 아닌 이상, 직업적 전문인들이 다 맡아줄 수 없다. 나 개인적으로도, 동네 병원과 큰 병원, 주민센터와 관련 보건센터 등을 오가며 가족 중에 아픈 사람을 챙겨야 했던 날들이 떠올랐다. 제아무리 전문적인 기관, 의료인, 사회복지사가 있다 하더라도 결국 주요한(Primary) 돌봄 종사자는 가까운 가족(혹은 친지)이 될 수밖에 없는 게 현실이었다.

'닉스'에 따르면, 영국에는 약 7백만 명이 이런 돌봄 노동을 떠안으며 살고 있다. 이를 경제적 가치로 환산하면 연간 약 1,320억 파운드(약 190조 원)에 이른다고 한다. 그러나 이렇게 '보이지 않는 손'으로 아픈 이의 일상을 챙기는 사람들이 정작 자신 스스로를 챙기기는 매우 어렵다. 많은 일들을 동시에 허덕이듯 처리해야 함은 물론 엄청난 재정적, 육체적, 정신적 압박으로 신음하고 있다는 게 '닉스'의 문제의식이었다.

"우리는 이렇게 돌보는 일을 무겁게 떠안아야 하는 사람들의 부담과 압박을 경감시켜 주기 위한 일을 하고 있어요. 특히 테크놀로지를 활용하여 돌봄 영역을 바람직하게 혁신해나가고자 합니다."

'닉스'에서 현재 주력하고 있는 사업은 'Carenet365'라고 하는 온라인 툴을 개발하고 보급하는 일이었다. 환자를 둘러싼 주변 사람들이 함께 일정, 역할을 조정하는 것은 물론 소소한 일상의 생각, 메모 등을 간편하게 공유할 수 있는 온라인 플랫폼과 어플리케이션을 제공하는 것이다. 일종의 '맞춤형 소셜플랫폼'인 셈이다.

부담의 분산,
돌보는 이의 '자기 시간'을 최대한 확보하는 툴 Carenet365

가령 이렇다. 환자의 주변 사람 중 가끔씩은 도와줄 수 있는 여력이 있는 사람들은 있지만(예: 주 1회 함께 1시간 정도 공원 산책, 월 1회 병원 데리고 가기 등), 이런 '지원'을 조정하고 스케줄링하는 것이 오히려 더 복잡하고 어려워 그냥 한 사람이 모든 사소한 것까지 떠안아야 하는 경우가 많다. 가족 중 한 사람에게 돌봄의 부담이 집중되면 금세 그는 고립감에 짓눌리게 된다는 것이 헬렌의 설명이다. 따라서 주변의 친지, 친구, 관련 종사자, 전문가 등과 함께 일정을 공유하고

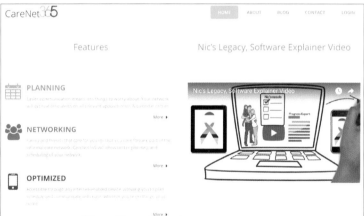

∧ Carenet365 홈페이지

서로 도움을 주고받으며, 일상적인 소통을 할 수 있는 창구가 필요하다고 이들은 봤다. 매우 손쉽게 이용 가능하고 실질적인 도움을 줄 수 있는 기술적인 도구 말이다.

> "혼자 지치지 않게끔 지원을 연결하고 기운을 북돋아 주는 도구이죠. 돌보는 이들이 돌봄 노동을 관리하고 조정할 수 있게끔, 그리하여 스스로에게 여유 시간을 만들어나갈 수 있게끔 말이죠."

툴을 통해 일종의 '당번표' 같은 것만 잘 조정해 만들어도 돌보는 이가 자기 시간을 곳곳에서 확보할 수 있다. 하다못해 환자와 함께 쇼핑을 가거나 여가를 즐기게끔 도와주는 역할도 온라인 및 스마트 기기 상에서 쉽게 배분 및 취합할 수 있다. 부담 없는 빈도라면 불편을 겪고 있는 사람을 위한 크고 작은 선의들은 충분히 즐거운 마음으로 조직될 수 있지 않을까. 기술을 활용해 일목요연하게 관계망을 조직하는, 환자와 돌보는 이 모두를 위해 주변 관계를 손쉽게 활용하고 다져나가는, 그리하여 실질적인 도움을 주는 솔루션! 컴퓨터와 태블릿, 스마트폰 등 모든 기기에 최적화되어 사용할 수 있게끔 만들었다.

헬렌이 보여준 설명 동영상('닉스'의 홈페이지에 가면 볼 수 있다)은 온라인 툴을 활용하여 '관계망', '관련 정보', '자원 연결', '스케줄링' 등을 집약해 환자를 둘러싼 사람들이 함께 공유함으로써 사회적인 고립감을 해소하게끔 돕는 내용이 담겨 있다. 크게 'Better Planning(실시간으로 일정과 약속, 도움 요청 등을 직접적으로 공유하며 부담이 나눠지는 일상을 계획 가능)', 'Care Network(환자와 돌보는 이 주변의 가족, 친구 등 직업적 관계가 아닌 '비공식 관계 네트워크'를 원활하게 다지게끔 지원하여 손쉬운 계획과 조정이 가능한 관계망 형성)', 'Device Optimized(각종 기기에 최적화되어 언제 어디서든 누구나 손쉽게 이용 가능하고 동기화되는)' 등 3가지 기능을 강조하여 실었다.

'Carenet365'는 돌보는 이들 당사자와 단체는 물론 (지방)정부, 병원, 호스피스, 돌봄기관 등과 연계하여 이 사업을 확대해나갈 예정이다. 연간 툴 사용료는 75파운드(약 11만 원) 정도로 책정하고 있는데, 이는 지방정부 및 호스피스 단체와의 협력과 보조금 연계 등을 통해 개인 부담은 최소화해 운영하는 모델을 만들 계획이다. '닉스'는 사회적 기업이자 공동체이익회사다. 그들의 비즈니스와 사용료 수익은 모두 '아픈 이들을 돌보는 사람들'과 지역사회의 관련 활동을 위해 재투자된다.

'닉스'에 이익이 생기면 '돌보는 이들'에게 이익이 생긴다. 환자는 물론이다. 이는 곧 사회를 이롭게 하는 것이기도 하다.

뿌리 뽑힌 이방의 삶, 사회적 일자리로 다시 세우다
: Spring Action

돌보는(Caring) 도시, 사회적기업으로 난민을 품다

난민 위기(Refugee Crisis)는 최근 몇 년 새 가장 뜨거운 유럽 사회의
현안 중 하나다. 분쟁과 기근, 기후변화 등 다양한 이유로 고향을 떠
나 목숨을 건 이주를 감행하는 많은 아프리카와 중동 지역인들, 그러
나 이 탈주는 오늘날 유럽인들에게 환대를 받지 못하고 있다. 오히려
혐오와 반감을 불러일으켜 '유럽연합(EU)' 자체를 위협하는 요인이
되고 있다. 불안정하고 불평등한 국제질서, 종교분쟁, 민족 간 전쟁의
틈바구니에서, 또한 이를 자양분 삼아 독버섯처럼 퍼진 '테러리즘'의
공포에 뒤덮여, 어찌할 바 없이 내몰린 선량한 난민들마저 증오와 추
방의 대상이 되고 있다. 이번 여정 중에 런던에서 친분이 있는 한국인
성직자를 만났다. 그는 '정글'이라 불리는 악명 높은 난민캠프가 있는
프랑스의 칼레(Calais)에 파견 나와 미션 수행을 하고 있었다. 우리의
영국 방문 소식에 휴가차 런던에 왔다. 함께 레미제라블 뮤지컬 공연
을 본 후, 소호거리의 시끌벅적한 펍에서 잉글리시 에일맥주를 마시
던 중, 적나라한 한마디를 던졌다.

∧ 출처: 사회적기업 스프링 액션 홈페이지 www.springactioncleaning.co.uk

"유럽은 난민 문제 때문에 망할 거 같아요."

현상을 직접 목도한 데서 나온 심각성에 대한 정제되지 않은 표현이
었지만, 구조적으로 끊임없이 밀려드는 난민과 그를 둘러싼 복합적
인, 때로는 지나칠 정도로 단순무식한 적대감들이 뒤섞여 거대한 사
회갈등, 체제갈등 비용을 일으키고 있다는 의미였다. 영국 또한 많은
난민들이 이주의 목적지로 삼고 있는 나라다. 도버해협을 사이에 두
고 영국과 가장 가까운 프랑스 땅인 칼레 등지에 난민캠프가 차려진
것도, 영국으로 향하려는 난민들의 행렬이 만들어냈다. 그들은 말한
다. "우리는 영국으로 가야 해요. 우리 가족들과 형제들이 거기에 살

∨ 출처: www.independent.co.uk

고 있거든요. 제발 국경을 열어주세요(영국 신문 〈인디펜던트〉에 비친, 칼레에서 종이 피켓을 든 난민의 모습 등)." 실제 과거의 식민지배 등 경험으로, 영국에 터를 잡은 아프리카인들이 많다. 가족, 지인들이 먼저 자리 잡은 이들을 수소문해 찾아오는 것이다.

현실적인 측면도 있다. 언어 문제(영어가 아무래도 편하고 실용적이란다), 일자리(상대적으로 대륙 유럽에 비해 상황이 낫다고), 그리고 비교적 '리버럴'한 사회 분위기도 한몫한다고. 실제 영국은 과거 해가 지지 않는 나라였다. 그 여파로 많은 소수민족들이 살고 있는 다문화 나라이기도 하다. 그렇다 하더라도 최근 영국의 보수당 정부는 난민들을 받아들이는 데 굉장히 인색하다고 한다. 하기야 유럽연합에 대한 뿌리 깊은 반감 여론, 이주민에 대한 국경 통제 등의 이슈로 '브렉시트(Brexit, 유럽연합 탈퇴)'까지 결정한 여기 사람들이다.

그래도 어디에든 양심과 선의는 있다. 코번트리 체류 동안 나의 일정을 담당해준 CUSE의 마리아마도 그런 시민이자 활동가였다. 검은 대륙의 핏줄을 이어받은 나이지리아계 영국인 그녀의 최우선 관심은 아프리카 청년들에게 있었다. 잠재력을 발휘하지도 못하고 사회환경적 악조건으로 인해 시들어버리는 현실을 타개해나가기 위한, 소수인종 청년들과 함께 꾸리는 사회적기업 등의 활동에 관심이 많았다. 내가 난민 이슈에 대해 관심을 보이자, 그녀는 코번트리에서 활

∧ Coventry Refugee and Migrant Centre 건물 입구 모습

동하고 있는 난민 & 이주민센터(Coventry Refugee and Migrant Centre, 이하 '난민센터')를 연결해주었다.

난민센터는 링 로드 고가에서 들려오는 번잡한 차량 소리와, 백조들이 뛰노는 고요한 공원을 함께 마주하며 소박한 건축물에 자리하고 있었다. 현관문을 열고 들어가자, 상담 혹은 서비스를 기다리는 젊은 난민들이 삼삼오오 줄 지어 긴 의자에 앉아 있는 모습이 눈에 들어왔다. 영어와 다른 언어로 떠드는 수군거리는 소리가 들려왔다. 호기심 가득한 나의 눈을 역시 호기심(그러나 경계가 반쯤 섞인) 깃든 눈빛으로 서로 바라보았다. 살짝 미소를 지으며 눈인사를 주고받은 뒤, 담당직원이 기다리는 위층으로 오래된 계단을 밟으며 걸어 올라갔다.

사회적기업 '스프링 액션',
난민을 고용하고 생활임금 지급하는 청소회사

"우리 센터는 코번트리에 있는 난민들과 이주민들, 피난처를 찾는 이들의 어려움과 고충을 덜어주기 위한 일을 합니다. 이들이 필요한 의료서비스, 주거, 교육, 직업훈련, 일자리 등에 접근할 수 있게끔 말이죠. 일상적인 사회활동들과 친교를 맺어주는 것과 더불어 포괄적인 지원활동들을 실행하고 있습니다."

낯선 땅에서 새로운 시민으로서 정착할 수 있게끔 돕는 역할을 하는 곳이다. 2층 사무실에서 나를 맞은 마이클(Michael Gabriel)은 여기서 비즈니스 코디네이터 일을 하고 있었다. 그의 명함에는 '스프링 액션 (Spring Action)'이라는 사회적기업 홍보문구도 같이 쓰여 있었다. 이는 난민들을 고용하여 함께 꾸려가고 있는 청소회사였다. 또한 '생활임금(Living Wage)' 표기도 함께였다. 사회적기업으로서 노동자 대우에 대한 정당한 책임을 명시해놓은 것이었다.

50대 중년 남성인 그는 처음에는 자원봉사부터 일을 시작했다. '난민센터'는 등록된 자선기관(Charity)이고 이를 모체로 하여 다양한 사회복지 및 비영리사업, 사회적기업 활동을 전개하고 있었다. 영국에는 비영리 자선기관이 본연의 목적을 달성하고 지속 가능성을 담보하며 수익을 자선활동에 재투자하기 위해 사회적기업을 만들어 운영하는 사례들이 많다. 이곳 역시 그러했다. 마이클은 전직 은행원이었고 주로 소상공인 대출과 지원 업무를 맡아 했었다고 한다. 그는 자신의 비즈니스 영역에서의 경험이 여기도 필요하겠다 싶어서, 자원봉사, 주 10~30시간 근무로 점점 일을 늘리다가 현재는 풀타임으로 일하고 있었다.

그에 따르면, 현재 난민의 약 95%는 아프리카와 중동에서 넘어오고 있다고 했다(다수는 아프리카). 나머지 소수 인원은 동유럽 출신들이 차지한다고 했다. 그는 "한국은 부자 나라라 당연히 여기에 온 경우는 없었다"면서 "일본 출신 여성은 한 명 있었다"라며 슬쩍 웃었다. 아마도 기구한 인생사가 있었으리라. 이어 그는 종이를 한 장 꺼내더니 이곳에서 하는 일을 그림을 그려가며 알기 쉽게 설명을 해주었다.

"가운데 난민센터라는 자선기관이 있어요. 그 속에 법적 지원부서, 상담 & 컨설팅 지원부서, 주거 지원부서, 일자리 지원부서 등등이 있고요. 시리안 프로젝트팀과 같이 긴급한 지역의 문제를 집중적으로 해결하기 위한 팀도 있죠. 그리고 제가 맡고 있는 사회적기업 담당팀은 관련 부서와의 연계와 지원으로 3개 기업과 함께 일을 하고 있어요."

센터의 예산은 정부(중앙/지방) 지원금과 민간(개인/단체) 기부금, 그리고 사회적기업을 통한 자체 비즈니스 수입원 창출 등으로 이뤄지고 있었다. 이를 통해 2017년 한 해에만 3,000명 이상의 어려움을 겪고 있는 난민, 이주민들에게 1만 건 이상의 상담, 지원, 연계 서비스 등을 실행했다. 그들은 말한다. "(비록 사회적인 인식과 악평이 있을지 몰라도) 우리의 실천에 대한 가치는 변함없이 남아 있을 것입니다. 우리는 피난처를 찾는 이, 난민, 이주민들의 역량을 강화하는 것을 통해 그들 스스로의 운명을 만들어갈 수 있다고 믿습니다."

뿌리 뽑힌 이방의 삶, 다시 뿌리내리게 하는 일자리…
"삶을 바꾸는 청소 서비스"

특히 마이클은 일자리를 통해 난민들이 새로운 사회에 둥지를 틀 수 있도록 돕는 역할을 하는 사람이었다. 그가 코디네이팅을 하고 있는 사회적기업 '스프링 액션'은 이미 상당한 성과를 거두었다고 자평했다. 2017년 4월 문을 열었는데 7개월 만에 난민 15명에게 일자리를 제공했다. 그중에는 주 20시간씩 정규적으로 일하는 사람들, 그보다는 간헐적으로 일을 하는 사람들이 섞여 있다고 했다.

"우리는 첫해 1년도 안 된 시점에서 약 3만 파운드의 수익(약 4천

∧ 출처: 사회적기업 스프링 액션 홈페이지 www.springactioncleaning.co.uk

5백만 원)을 올렸어요. 또한 코번트리 도심지 등에서 10개 이상의 교회, 비영리조직, 공공기관 등 고객을 확보하였죠. 기대보다 빠른 성과예요."

더 인상적인 점은 이들에게 생활임금을 책정해 지급하고 있었던 것. 2017년 기준 영국의 최저임금은 시급 7.5파운드(약 11,500원)였는데, '스프링 액션'에서는 난민 출신 청소부들에게 시급 8.45파운드(약 13,000원)를 지급했다. 고객들의 좋은 평도 잇따르고 있다. 종교 NGO인 WEC International의 모이라(Moira Stephens) 운영관리자는 뉴스레터를 통해 "그들은 친절, 친근하고 효율적으로 일한다. 믿을 만하고 잘 신경 써주는 것은 물론 서비스의 '가성비' 역시 뛰어나다"며 "청소부들은 시간을 엄수하며 우리 사무실의 스케줄에 따라 정확히 맞춰주고 있다. 나는 이 업체를 전적으로 추천한다"고 말했다.

마이클의 동료인 패럭(Faruk Norat)은 이렇게 말했다.

"이것은 그저 일에 관한 것만이 아니에요. 사람들에게 자존감과 자부심을 주고, 소속감, 신뢰감을 쌓아갈 수 있게 하는 일이죠. 난민들은 그들의 자격을 증명할 방법도 없고 짧은 영어 실력도 핸디캡이어서 일자리를 찾는 데 고된 싸움을 해야 하죠. 우리의 사회적기업을 통해 그들에게 사회에서 일할 수 있는 기회를 주면,

^ 출처: 스프링 액션 www.springactioncleaning.co.uk

물론 첫째로 그들에게 좋고 나아가 우리 공동체를 위해서도 좋은
일이죠."

마이클 역시 "여기서 자원봉사가 아닌 '일'을 하게 될 줄은 처음엔 몰
랐는데, 지금은 이 일에서 많은 가치와 보람을 느낀다"며 "매일 난민,
이주민들의 사연들, 눈물 쏟게 만드는 삶을 향한 분투기들을 듣는다.
그들 역시 우리와 같은 인간임을, 도움이 필요한 어려움을 겪고 있는
이웃임을 모두 알게 되었으면 한다"고 강조했다. 그러면서 한마디 더

덧붙였다. 그의 말에는 '사회적기업'이 그대로 들어 있었다.

> "코번트리에는 백여 개의 청소업체들이 있어요. 그럼에도, 그중에서도 좋은 서비스를 제공하면서 동시에 선하고 긴요한 일을 함께 행하는 우리를 택하는 것이 어떻겠습니까?"

혐오 기류 짙어지는 현실,
그러나 '돌보는 도시' 환대정신을 이어가려는 흐름

평화와 화해의 도시(City of Peace and Reconciliation) 코번트리는 이방인들에게 환대를 실천해가려는 역사적 맥락이 있는 곳이기도 했다. 지역 언론에 따르면, 코번트리 시장인 토니(Tony Skipper)는 2018년 3월 난민센터 이전행사에서 "돌보는 도시(Caring City) 코번트리는 긴급한 필요가 있는 사람들을 도왔던 자랑스러운 역사가 있다"며 목소리를 높였다.

> "코번트리는 제2차 세계대전 때 우리 스스로 가슴 아프게 겪은 전쟁 참상의 경험에서 울려 퍼지고 있는 양심을 가진 곳입니다. 우리 '돌보는 도시'는 전쟁으로부터 피난한 사람, 박해받는 사람들을 서로 돕고 환대하는 자랑스러운 역사를 이어가고 있습니다."

이 백발의 연세가 지긋한 노동당 출신 시장을 나는 코번트리의 노숙 청년지원 후원행사에서 만난 적이 있다. 금빛의 묵직한 휘장 같은 어마어마한 장신구를 목에 두르고 있는 그를 처음 봤을 때 '혹시 말로만 듣던 영국 귀족인가?'라고 생각을 했다. 알고 보니 시장이 두르고 다닌다는 표징 장신구였다. 나를 행사장으로 안내한 CUSE의 캐롤은 오랫동안 지역사회에서 정치와 의회 활동을 해왔다는 그와 인사를 시켜주며 "지역 활동에 관심을 갖고 지원해주려는 의지가 큰 분"이라고 소개했다. 토니 시장은 "한국에서 여기까지 오다니 환영해요" 인사를 건네며, 함께 사진을 찍기도 했다. 이어진 후원행사에서 스텝들, 후원자들, 전문가 및 활동가들, 시의원 등 지역정치인, 노숙청년 당사자들이 차례로 마이크 잡고 발언을 이어가는 동안, 토니 시장은 묵묵히 사연을 듣고 있었다. 그에게는 마이크가 가지 않았다. 그래도 '뒤풀이' 다과 나눔까지 자리를 지켰다.

이들의 분투에도 불구하고 난민 이슈는 풀기 어려운 난제다. 전통적으로 노동당세가 강한 코번트리의 주민들조차 이민자 이슈가 짙게 작용한 '브렉시트' 국민투표에서 찬성하는 표(당시 노동당 등 중도-진보정당과 시민들은 유럽연합 탈퇴를 반대하는 운동을 전개했었다)를 많이 던져서 충격을 주기도 했다. 계속해서, 점점 더 이 문제는 영국은 물론 전 세계적으로도 커다란 도전을 안기고 있다. 그러나 누구의 책임일까. 이탈리아와 독일, 미국 등 주요국에서 비난 여론을 등에 업고 난민에 대한 무관용 강압적 처사들이 이어지고 있는 현상에 대해, 영국 〈가디언〉지는 사설(2018.6.18.)에서 다음과 같이 언급하기도 했다.

> "(동정심과 설교만으로 이 문제를 풀 수는 없지만)인도주의적 이상은 이 문제가 (개인, 개별 국가 책임이 아닌)전 세계 차원의 해결을 요하는 세계 구조적인 것으로 이해하게끔 한다. 이 위기는 단지 유럽이나 미국으로의 이주에 대한 매력 때문에 발생하는 것이 아니다. 아프리카, 시리아와 아프가니스탄, 중앙아메리카 등에서 (여러 요인으로 발생하고 있는)끔찍한 상황 때문에 난민들이 불가피하게 폭증하는 측면이 강하다."

결국 개별 국경 단위 '난민 유입, 난민 통제'로는 해결할 수 없고 국제사회가 함께 부담을 나누어 지며 이 문제를 풀어가야 한다고 〈가디언〉지는 역설했다. 그리고 코번트리의 양심적 실천가들은 언제 바뀔지 모르는 '구조'가 나서기 전, 여론과 실천의 '악조건'을 감내하고 설득해가며 한 사람이라도 낯선 땅에서 다시 일어설 수 있게끔 손을 내밀고 있었다. 환대와 관심은 혐오보다 강하다.

'사회파' 예술,
혐오를 이기는 희망을 말하다

셰필드에서 본 전시회 '희망은 강하다(Hope is Strong)'

주말을 이용해 잉글랜드 북부 도시 셰필드(Sheffield)에 다녀왔다. 영국적인 자연풍경을 보고 싶은 마음에 고원지대이자 국립공원인 피크 디스트릭트(Peak District)로 향하는 여정이었다. 그 길목에서 우연찮게 흥미로운 전시를 발견했다. 셰필드 기차역에서 멀지 않은 밀레니엄 갤러리(Millennium Gallery)에서였다. 2018년 2월 17일부터 6월 10일까지 진행하는 '희망은 강하다(Hope is Strong)'라는 특별전시. 여느 영국의 국립 박물관, 미술관들처럼 무료입장이다.

> "극우 정당들과 혐오 범죄가 나날이 증가하고 있는 상황에서, 시민적 증오에 휩싸인 소수자들의 인권은 그 어느 때보다, 우리의 상상 이상으로 위기에 처한 작금의 현실입니다. 이 난폭한 시대에, '희망은 강하다' 전시는 우리가 사는 이 세상에 의문을 던질 수 있는 예술의 힘을 탐구해나가고자 합니다."

이른바 '사회파(Social Con-
science)' 예술 전시였다. 밀레
니엄 갤러리는 2018년 '항의
& 행동주의 시즌(Protest &
Activism Season)' 행사를 진행
중이었다. 사회적 임팩트를 지
원하는 펀드(Esmée Fairbairn
Collections Fund)의 도움으
로, 거기에 더해 국민투표법
(Representation of the People
Act, 일정 자격을 갖춘 30세 이

상의 여성에게 참정권을 부여) 제정 100주년을 기념하며 이러한 전시를 이
어가고 있었다.

폭력과 야만의 회귀 기류를 민감하게 포착하는 '사회파' 예술

그러나 많은 사회운동의 성취들은 중대한 역작용의 모순에 봉착해 있다.
유럽과 서구인들이 그들 스스로 자랑으로 여겼던 자유와 인권 등의 가치가
무자비하게 해체되고 있는 현실에 대해, 수많은 양심적 시민, 예술인, 지식
인들은 깊은 우려와 좌절을 체감하고 있었다. 특히 예술인들은 특유의 민
감한 정세 인식과 일상적 체험을 통해, 사라진 줄 알았던 폭력과 야만이 다

시, 더 무서운 형태로 곰비임비 분출하고 있는 오늘날의 모순에 무겁게 사로잡혔다. 인종차별은 보편적인 인권의 이름으로 이미 극복된 문제 아니었던가. 서구문명의 근원을 이루는 2천 년 전에 쓰인 성경에 따르더라도 '이방인을 환대하라'고 했는데, 지금 나타나고 있는 난민, 이주민들에 대한 혐오와 적대의 일상화는 역사의 수레바퀴를 어디로 이끌고 있는가.

물론 상식과 선의로서 '무조건 인권, 환대'를 부르짖기에는 현 유럽 사회의 얽힌 난맥들을 지나치게 단순화하는 오류를 범할 수 있다. 군부독재 시절 한국의 정치 난민이었던 '파리의 택시운전사' 홍세화에게 1970~80년대 프랑스는 '자유의 이름으로' 흔쾌히 망명의 피난처를 제공했다. 그러나 지금의 프랑스와 유럽 분위기는 완전히 다르다. 수용과 관용의 미덕은 사라지고 검열과 추방이 만연하다. 몇몇 손님들이 들어오는 현상을 넘어서서 대규모의 다른 문화권, 인종, 종교의 이주를 경계 안으로 받아들였을 때, 게다가 갖은 분쟁과 테러리즘 등의 이슈가 피아 구분을 어렵게 할 정도로 뒤섞인 상황에서는, 제아무리 '사회국가 시스템과 철학'이 든든한 나라라고 할지라도 혼돈에 휩싸일 수밖에 없을 것이다.

흘러간 옛 노래인 줄 알았던 인종차별적 극우정당이 불평등 사회의 불만 기류 등을 등에 없고 곳곳에서 득세하고 있다. 문화와 생활패턴이 다른 집단, 공동체, 개인이 뒤섞여 한 지역사회에서 삶을 일궈가는 모습은 단순히 낭만적인 '세계시민주의'로 풀 수 있는 문제가 아니다. 한국 사회에서는 제주도에 도착한 500명의 예멘 난민들(2018년 6월)에 대해서도 극도의 반감과 거부감을 드러낸 바 있다. 접경지 터키는 350만 명, 상대적으로 관대한 (이마저도 2018년을 기점으로 흔들리고 있다) 독일은 97만 명(유럽 1위)을 받았다. 그러나 지금의 난민과 이주 폭증은 국제분쟁, 기후변화, 지구적 양극화 등 '못난 개인 혹은 민족국가'의 탓으로 돌릴 수 없는 구조적인 폭력의 문제가 도사리고 있다는 점을 결코 간과해서는 안 된다.

그렇기 때문에 질문을 던져야 한다. 우리는 어디로 가고 있습니까. 우리의 분노는 왜 어떻게 누구에게로 향하고 있습니까. 그것은 정당합니까. '희망은 강하다' 전시는 검은 대륙에서부터 출발하고 있었다. 대영제국, 해가 지지 않는 나라, 산업화와 자본주의의 원조, 노동과 인권을 향한 투쟁… 스스로를 영광스러워하며 '그레이트 브리튼(Great Britain)'이라 칭하는 이 나라 역사에는 사실 많은 흑인들의 피땀이 서려 있었다. 한 사회는, 시대는 이들에 대한 착취와 굴욕, 이들이 주도한 저항의 액티비즘을 어떻게 조명해왔는가.

'분노'를 관통하며 놓인 흔적들… 그리고 희망
영국인 작가 키이스(Keith Piper)는 '7대에 걸친 인간 생애의 분노(The Seven Rages of Man)'란 작품으로 아프리카 대륙과 흑인들의 질곡의 삶을 형상화했다. 이는 셰익스피어의 '인생의 7기(Seven Ages of Man)'를 빗대어 표현한 것이다. 영국이 낳은 전설적인 극작가는 생의 일곱 단계를 유아기부터 고령기까지 분류해 나타냈다. 키이스는 첫 번째 태어남(1st Birth)부터 일곱 번째 태어남(7th Birth)까지, 아프리카(계) 흑인 공동체가 거쳐야 했던 험난한 인생 경로를 좇고 있다. 이 '분노'를 관통하며 놓인 흔적들, 즉 문학, 다큐멘터리 사진, 조각, 역사적 사건을 담은 포스터, 출판물 등이 일곱 단계마다 겹겹이 표출된 작품은 진한 울림을 준다. 보는 이로 하여금 분노와 연민, 그리고 무언가라도 해야 한다는 동참의 실천을 자극한다. 과장된 표출이나 꾸밈없이 묵묵하게 역사적 단계를 조합해 재현해내는 것 자체만으로도 묵직한 감동을 준다. 일곱 개의 조각들은 다음과 같이 말하고 있다(사진 촬영이 금지된 전시라 글로 전한다).

- 첫 번째 태어났을 때 우리는 '공동체'를, 그리고 종교와 과학, 아프리카 토양에 뿌리내린 '문명'을 물려받았습니다.
- 두 번째 태어났을 때 우리는 노예의 쇠사슬을 물려받았습니다.
- 세 번째 태어났을 때 '우리는 자유다'란 문서를 물려받았습니다. 그러나 형태만 바뀌었을 뿐 열악한 노동자로 착취당했습니다.
- 네 번째 태어났을 때 우리는 영국행 여권을 물려받았습니다. 그러나 열등 시민이었을 뿐입니다.
- 다섯 번째 태어났을 때 우리의 현실에 대한 대안적인 분석과 생각, 실

천들에 눈을 떴습니다.

- 여섯 번째 태어났을 때 우리는 자유의 투사로서 전위적인 역할을 하게 되었습니다.

- 일곱 번째 태어났을 때 꿈에 그리던 자유롭고 단결된 우리의 고향, 아 프리카 땅으로 되돌아갈 것입니다.

빼앗긴 땅, 짐승 같은 노예, 착취노동, 열등 시민, 변화를 향한 투쟁을 넘어 결국 완전한 자유의 상태로 이제 다시 자유로운 고향 땅으로 돌아간다. 전 시 공간 한쪽에 놓인 주크박스에는 항거의 현장에서 불렸을 투쟁가(Protest

∧ 출처: www.sheffieldtelegraph.co.uk, Picture Scott Merrylees

Songs)가 울려 퍼졌다. 감명 깊은 전시에 좀처럼 발을 떼지 못하고 있는 나의 주변으로 백인, 흑인, 동양인 할 거 없이 비슷한 공감의 표정으로 작품들을 응시하고 있었다. 검은 대륙에서 넘어오는 난민들에게 영국(과 유럽) 시민들은 근원적인 죄와 책임이 있다. 그렇기에 혐오가 아닌 희망을 함께 갈구해야 한다. 목숨 걸고 도망치는 처량한 이방의 삶을 손가락질하는 게 아닌, 그를 파생시키는 본질적인 악을 연대해 물리쳐야 한다. 그리하여 각자에게 마련된 평화로운 (고향)땅에서 다양한 개성을 분출하며 보금자리를 이뤄 살아갈 수 있게끔 갈망해보자. 신세를 지는 존재들로 치부할 게 아니다. 뿌리 깊게 빼앗긴 존재들과 더불어 제자리를 찾아가는 여정에 동참하라고, 그것이 진정한 분노의 승화라고 작품은 말하고 있다.

이 외에도 전시에는 다양한 사회적인 메시지를 담은 작품들이 이어져 있었다. 폴란드인 시각예술가 아투르(Artur Zmijewski)는 오늘날 유럽의 일상적인 공공 공간(광장, 성당 등)에서 아무렇지도 않게 스며들어 표출되고 있는 증오와 극우성을 영상자료를 통해 보여주고 있었다. 광장의 연설과 담화, 성당 사제의 강론 등에서 무의식적으로 침투해 있는 난민, 소수자에 대한 혐오 현상들을 특별한 편집이나 개입 없이 사실주의적으로 드러냈다. 무던하게 무심하게 오염된 일상을 직시하라는 강렬한 메시지다. 또한 1980년대 대처 정권 시절 극렬했던 영국의 광부 대파업 당시 셰필드 인근 지역에서의 전쟁 같은 투쟁사(The Battle of Orgreave)를 많은 공간을 할애해 전시한 작품도 눈에 띄었다. 그 전투에서 광부들이 부르짖었던 구호가 눈에 들어왔다. 서로를 향한 증오와 삿대질과 냉대가 만연한 지금의 세상을 향한 외침으로도 들렸다.

"한 사람을 다치게 하는 것은 모든 이를 다치게 하는 것이다(An Injury to One is an Injury to All)."

버려지는 음식, 비틀거리는 인생에 부활을 선사하다
: 코번트리의 '사회적' 맛집들

리얼 정크푸드 프로젝트(Real Junk Food Project)

금요일 점심은 '정크푸드(Junk Food)'를 먹으러 간단다. 그것도 진짜 (Real) 정크푸드를. 마리아마와 캐롤, 그리고 도나 등 코번트리대학 사회적기업(CUSE)의 여성 스텝들과 함께 코번트리 브로드스트리트 (Broad St)에 있는 한 교회(Foleshill Baptist Church)를 찾았다. 2층짜리 낮은 주택들이 줄 지어 있는 영국의 흔한 서민적 주거지 한복판이 었다.

Pay as you Feel Café [Open Today, From 12pm Until 2pm]

'필 받은 만큼(느낀 만큼) 내고 가면' 되는 카페, 오늘 점심 영업한다는 표지판이 교회 강당 앞에 내걸려 있었다. 런던의 오이스터 카드 (Oyster, 대중교통카드) 충전은 'Pay as you Go(타는 횟수만큼 내는 방법, 정액권과 다른 개념)' 방식이 있었는데, 여기는 느낀 만큼 내란 다. 그 옆에 다음과 같은 문구가 이어졌다.

"사람들 사이에서 단지 돈을 가지고 거래하는 것이 아닌, 아이디어와 시간, 창의성 등 각자가 가진 것을 우리 음식을 먹으면서 공유해주시면 됩니다. 만약 오늘 지불할 게 없다고 해도 괜찮아요. 테이블을 청소하거나 우리 카페의 운영을 위해 손을 보태주시는 것도 좋습니다. 'Pay as you Feel' 개념은 누구에게나, 꼭 돈이 아니더라도, 음식에 대해 해줄 수 있다는 데에서 출발합니다."

버려지는 음식, 그러나 굶는 사람들…
자선으로 시작해 지속 가능한 소셜비즈니스 모색

흥미로운 방법이었다. 가난한 사람들에게 부담 없이 한 끼를 제공하려는, 그리고 금전이 아닌 관계로 일을 순환시켜 가려는 비영리적 활동의 분위기가 짙게 느껴졌다. 그리고 한쪽 표지판에는 '음식 낭비를 끝냅시다'라고 눈에 띄게 적어놓았다. 왜 리얼 정크푸드 프로젝트인지 알리는 말과 함께. "우리는 팔리지 않은 잉여 식료품들을 지역 상점으로부터 수집하여, 이를 건강한 끼니와 간식으로 탈바꿈시키는 일을 합니다. 오셔서 우리의 자원봉사자들이 신선하게 손수 만든 훌륭한 음식을 맛보세요."

카페가 차려진 강당 안으로 들어가니, 이 프로젝트를 운영하고 있는 커뮤니티 활동가 팀(Tim Rees)이 활짝 웃으며 맞이했다. 분위기는 소박했다. 주로 중장년 주민들이 음식을 기다리고 있거나 이미 먹고 있었다. 그중에는 근무 중에 들러 점심을 먹는 경찰들도 한 무리 뒤섞여 있었다. 가장 바쁜 시간, 팀은 여기저기 정신없이 음식을 나르다가, 조금 한가한 틈을 이용해 내게 와서 이야기를 나눴다.

"버려지는 음식들이 너무 많잖아요. 영국에서 매우 심각한 문제 중 하나죠. 한편에서는 굶는 사람들도 있는데. 잉여로 낭비되지만

먹을 만한 음식들을 다시 근사한 '핸드메이드' 한 끼로 대접하는
취지죠. 환경에도 좋고 사회적으로도 의미가 있죠. 인간과 자연을
함께 살리는 작지만 큰 프로젝트!"

막스 앤 스펜서(Marks & Spencer)와 같은 대형 마트부터 지역의 소
상점, 개인들까지, 다양한 지역사회 그룹들로부터 기부를 받고 있다
고 했다. 과잉과 버려짐이 아무렇지도 않게 이뤄지는 시대에, 소중하
고 지당한 실천이다. 사실 팀은 이 프로젝트를 사업으로 생각하지 않
고 시작했다. 고맙게도 교회에서 공간을 공짜로 내어줘서 임대료 부
담도 없었다. 자원봉사와 기부, 서로 도우며 이어가는 정도로도 충분
히 의미 있지 않을까. 그런데 예상보다 호응이 좋았다. 많은 사람들이

품을 내어줬고 또 음식을 먹으러 찾아왔다. CUSE 직원들은 '퍼실리테이터(Facilitator, 조력자/촉진자)'들답게 이 프로젝트를 공동체이익회사(Community Interest Company) 형태의 사회적기업으로 발전시켜서 지속 가능하게끔 권유를 하는 중이었다. 팀은 현재 CUSE와 함께 구체적인 방법 등에 대해 고민 중이라고 했다.

오늘의 점심은 인도식 커리였다. 고기와 야채가 듬뿍 담긴 커리에 인도 특유의 '날림쌀' 밥이 함께 접시에 나왔다. 이들에 따르면 커리는 매우 '잉글리시' 한 요리이기도 하단다. 오랜 식민지배의 결과로 '역토착화'된 음식일 게다. 우리 입맛에도 잘 맞는 따뜻한 한 끼 오리엔탈 정찬이었다. 함께 점심을 먹으며 CUSE의 캐롤은 "이런 활동은 지역사회에서의 순환과 재투자에 매우 좋은 소재이자 모델"이라며 "지역기반 사회적기업으로 함께 해나가길 바라며 관계를 계속 가져가고 있어요"라고 말했다.

의미와 맛 모두를 담은
'Rising Cafe'

'리얼 정크푸드' 말고도, 코번트리에서 먹거리 관련해 추천하고 싶은 곳이 하나 더 있다. 여기는 이미 명소이기도 하고 '맛집' 반열 정도까지 올라 있는 곳이기도 하다. 게다가 도심 한복판, 코번트리의 상징인 '대성당'과 인접해 있는 중심지에 위치해 있다. CUSE의 키이스, 캐롤이 점심을 대접해준다며 처음 데리고 간 곳이었는데, 점심시간에는 사람이 바글바글해서 예약 안 하고는 한참 줄 서 있어야 하는 곳이었다.

라이징 카페(Rising Cafe). 폭격의 폐허에서 다시 일어선 코번트리처럼, 나락으로 떨어진 사람들을 다시 일으키기 위해 카페(음료뿐 아니라 다양한 베이커리, 음식도 함께 판다)를 세웠다. 약물과 알코올 중독자들을 지원하는 'Betel UK'라는 자선단체에서 만든 사회적기업이다. 중독자들을 교육하고 일자리를 제공하여 자립할 수 있게끔 운영하는 곳, 이들의 수입은 100% 다시 중독자를 위해 쓰이는 사회적 목적을 가진 카페였다. 중독은 단기적인 처방으론 안 된다. 장기적인 개입과 실천으로 변화를 도모하여 무너진 개개인들이 궤도를 되찾을 수 있게끔 공동체를 이뤄 활동하고 있는 곳이 Betel UK였다. 이 자선단체는 정부 지원을 받지 않는다. 대부분의 수익은 Rising Cafe와 같은 사회적기업 활동을 통해 충당하고 있다고 했다.

가능할까. 북적이는 카페의 인파가 답을 주는 듯했다. 1940년대풍으로 꾸몄다는 분위기도 독특하고 전통적이면서 곳곳에 삽입한 모던한 느낌을 동시에 선사하는 곳이었다. 진열되어 있는 케이크와 베이커리류는 모두 손수 만들었다고 한다. 메뉴도 다양했다. 샌드위치, 햄버거 세트(패스트푸드가 아닌 건강한 수제 '시골 트래디셔널' 메뉴였다)부터 커리와 같은 동양식, 샐러드, 파스타 등 입맛에 맞게 골라 주문하면 되었다. 영국에 오면 다들 한 번쯤 먹어보고 싶어 하는 '애프터눈 티(Afternoon Tea)' 메뉴도 있었다. 3단 접시에 각종 디저트, 스콘, 샌드위치, 샐러드 등이 정성껏 우린 홍차 주전자와 함께 나왔다. 가격은 시중보다 훨씬 저렴했지만 질은 그 이상이었다.

맛있는 음식, 음료들과 함께 다양한 얼굴의 코번트리 주민, 대학생, 관광객들이 카페에서 각자의 모임을 삼삼오오 즐기고 있었다. 옆자리에서는 여대생들이 모여 친구의 생일 파티를 하고 있었다. 달콤한 디저트류가 푸짐하게 담긴 '애프터눈 티' 3단 접시가 연달아 나오자

'오마이갓!' 탄성이 흘러나왔다.

그 소리에 솔깃했을까. 코번트리를 떠나는 날 동행한 옆지기와 점심 때 한 번 더 들른 카페에서 그녀는 그 '애프터눈 티'를 주문했다. '티' 메뉴라고 하지만 한 끼 이상의 양이었다. 기차 시간이 여유가 있어서 느긋하게 음미하며 '점심 겸 차, 오후 디저트'를 함께 했다. 오래된 나무의자에 앉아 흘러나오는 잔잔한 클래식에 포근하고 행복했다. 이 모든 웃음소리, 행복을 위해 선사된 점심 비용은 다시 가장 밑바닥에서 스러진 사람들에게 재투자된다. 그저 푸짐하고 아늑하고 즐거운 시간을 보냈을 뿐인데, 나도 모르게 의미 있는 실천에 동참한 셈!

PART 4

사회적대학(Social University)을 향하여

: 혁신의 대상이 아닌 추동 기지로

일과를 마쳤다. 젊은 학생들이 여기저기 담소를 나누고 오르락내리락하는 코번트리대학 기숙사 사이클 웍스(Cycle Works)로 돌아왔다. 기숙사의 공용 공간에서는 남학생들과 여학생들이 함께 저녁식사를 해 먹거나 탁구를 치거나 편안한 로비 소파에 앉아 담소를 나누고 있었다. 시트콤 '남자 셋 여자 셋'이나 '논스톱'과 같은 젊음의 낭만과 저돌이 여기엔 있을까. 기숙사 생활을 해보지 않은 나로서는 문득 궁금했다. 오는 길에 역시 젊은이들로 가득한 마트에 들러 잉글리시 에일맥주 한 병을 샀다. 종일 수군수군 소곤소곤 일상 대화가 가득한, 제대로 알아듣기 힘든 토착 영어를 듣느라 잔뜩 긴장한 귀와 머리에 힘을 내려놓으며 한 잔을 따랐다. 이제야 긴장이 풀리는 기분이다. 갈증을 해소하며 잠시 사색에 잠겼다. 무엇이 나를 여기로 오게 한 것일까. 이름만 들어도 아는 런던이나 케임브리지나 옥스퍼드가 아닌, 이름 한번 들어본 적 없는 도시에 말이다. 돌이켜보니 한마디 단어로부터 시작됐다.

'사회적대학(Social University)'

지난 2017년 겨울 연세대에서 진행된 서울시 캠퍼스타운 국제컨퍼
런스에 초청되어 만난 CUSE 경영자 키이스가 내뱉은 말이었다. 수
많은 학생, 교수, 공무원 등 '캠퍼스타운' 추진 관계자들 앞에서 그는
"우리는 하나의 사회적기업 활동을 넘어 사회적대학을 만들어가려고
한다"고 힘줘 말했다. 사실 생소한 말이었다. 하도 '사회적(Social)'이
란 말이 유행처럼 쓰이는 세태가 있긴 하지만, 대학 앞에 붙인 것은
처음 들어봤다.

2000년대 중반 이후 대학을 다닌 나는 '대학의 기업화, 취업학원화'
소리만 지겹게 들려왔다. 고등학교 4학년과 같은 혹독한 경쟁의 파도
만 있을 뿐이었다. 낭만은커녕 냉엄한 현실에 허우적댈 뿐인 캠퍼스
생활이었다. 높은 곳만 바라보며 합격, 당선, 취업에 목매라고 다그치
는 공간이었다. 그런데 '사회적'이라니. 줄 세우기 평가와 경쟁이 아닌
더불어 살아가는 지역사회를 일구는 혁신 근거지로서의 대학이라니!

> "사회적대학은 지역사회와 함께 그가 속한 커뮤니티를 발전시키
> 는 데 복무하며, 이를 위해 사회혁신과 사회적기업 등의 방법론에
> 근거하여 실천을 하고 있는 고등교육기관을 뜻합니다(사회적대
> 학 네트워크 소개 글 중)."

물론 지금의 코번트리대학을 완성태의 '사회적대학'이라고 칭하기는

무리가 있어 보였다. 앞서도 언급했지만, 코번트리대학은 '사회적'을 뺀 '장사' 수완도 매우 뛰어났고 여느 대학들처럼 코스타(Costa, 영국에서 가장 큰 커피체인) 등 대기업체가 캠퍼스에 주요하게 입점해 있는 모습이었다. 키이스와 CUSE는 캠퍼스 안팎으로 사회혁신 그룹들과의 밀접한 관여를 추진하고 있었지만, 전체적인 비중으로 따져보면 여전히 작은 편이었다. '사회적대학'은 완성된 실체라기보다는 하나의 운동이었고 현재진행형인 지향으로서의 선언이었다.

"솔직히 대학에 바랄 게 있을까?"란 질문에 대해

키이스는 '사회적대학'을 만들어가려는 지향과 의지가 사회적기업

경영자, 실천가들 중에서도 강한 사람이었다. 전국적인 연대체 조직인 '사회적기업 영국(Social Enterprise UK)' 인사들이 CUSE 엔터프라이즈 허브에 방문해 회의를 하는 자리에 참관한 적이 있다. 그들은 "요즘 한국이 굉장히 사회적기업과 사회혁신 분야에서 활발하게 잘하고 있다는 소리를 들었다"고 덕담을 하며 악수를 청했다. 이어 사회적기업 섹터와 관련한 활발한 논의를 이어가던 중, 한 여성 실천가는 다음과 같은 의문을 표출했다.

> "솔직히 대학에 바랄 게 있을까요? 여기 코번트리만 해도 '사회적기업 도시' 인증도 받았고, 대학도 사회적기업과 관련한 활동을 열심히 하고 있다고 알려져는 있지만 과연 실제 대학 관계자나 주민들 중 몇 퍼센트나 이런 활동들을 알까요? 계속적으로 이어나갈 의지와 동력은 있을까요?"

이에 키이스는 "좋든 싫든, 잘했든 못했든 대학은 자원과 돈줄을 가지고 있는 기관(Money on the Table)"이라며 "이 공간에 '사회적(Social)' 가치(Value), 실천(Practice), 제품(Product)을 심어 넣으려는 노력은 꼭 필요하다"고 말했다. 쉽게 말해 대학이 조달 혹은 운영하는 공간, 상점, 재료, 자원 등에 혁신적인 사회적기업들이 계약 및 입점해, 대학이 윤리적인 제품, 서비스 구매와 순환('사회적기업 영국'에서는 'Buy Social Enterprise' 운동을 벌이고 있다)의 진지가 된다면?

"최고 수준의 바이어(Top Level Buyer)가 될 수도 있다"는 것이다.

또한 그는 최근 영국에서 불거지고 있는 공공서비스 민영화에 따른 여러 부작용, 폐해, 부패 문제와 그럼에도 단순하게 다시 국유화(Re-nationalization)를 부르짖기에는 적합하지 않고 효율성이 떨어지는 분야 등을 제대로 숙고해야 한다고 말했다. 과거의 경험을 되풀이하지 않기 위해, 공공성을 확장하는 새로운 사회혁신 전략을 모색해야 하며, 그 추동 공간으로서 대학도 큰 몫을 할 수 있다고 강조했다.

"어떻게 보면 기회의 영역입니다. 민영화의 폐해는 물론 기존 공공 영역의 한계에 대한 도전에도 응답할 수 있는 하나의 솔루션

그는 2018년 초순 영국에서 크게 이슈가 되었던, 공공서비스를 위탁받은 대형 민간회사(Carillion)의 부패와 방만 운영 사례를 언급했다. 세금은 세금대로 쓰이고 졸지에 많은 노동자들이 일자리를 잃게 된 처지에 놓인 상황에 분노하며 "저런 엉터리들 말고 제대로 된 지역사회 주체들이 공공, 사회서비스 영역을 개척해야 한다"고 말했다. 사회적기업, 협동조합, NGO 등 사회적 섹터(Social Sector)의 조직화와 재구성을 통해 공공 부문(Public Sector)을 혁신해내야 한다는 것이다. 더불어 "(사회적 서비스, 미션, 교육 등에 대한)중앙정부, 지방정부 예산 모두 삭감되고 있다. 대학이라도 나서서" 숨통을 틔어야 한다고도 했다.

정부와 공공 부문의 뒷걸음질과 후퇴를 '역이용'하는 전략

사실 대학과 학교는 본질적으로도 퍼블릭한 성격을 내재한 기능을 담당하는 공간이다. 실제 대부분의 영국 대학은 국공립대학이기도 하다. 그러나 앞서도 언급했지만, 최근의 영국 대학들은 정부의 공공 예산 삭감 기조와 맞물려 급속도로 시장주의적 개편이 일어났으며 현재도 진행 중이다. 이러한 현실 또한 키이스와 같은 실천가들이 '사회적대학'을 만들자고 외치고 있는 배경이기도 하다.

> "지금의 문제와 위기를 잘 파고들어 오히려 역이용하면 새로운 공간이 열릴 수 있다. 정부는 예산을 뺏어가는 동시에 알아서 해보라며 독립성과 자율성을 부여하기도 했다."
> "어떻게 대학을 사회화(Socialize)할 수 있을까."

창밖으로 젊고 다양한 학생들이 시끌벅적 떠들며 지나가고 있었다. 키이스는 대학의 젊은 기운들을 배경으로 "사실 대학은 이런저런 가능성이 열린 역동적인 공간으로 만들 수 있다"며 "관성에 젖은 형태, 조직, 문화를 능동적인 사회혁신적 실천을 통해 바꿔가야 할 것"이라고 말했다. 그는 최근 노샘프턴대학(University of Northampton)에서 단순히 몇몇 움직임이 아닌 부총장 단위에서부터 조직적으로 이러한 전략에 따른 커뮤니티 관여 등에 관심을 갖고 만들어갈 모색을 하고 있다는 사례를 덧붙여 언급하기도 했다.

∧ 코번트리 시청사 모습.
　공공시설을 거점으로 사회적 가치를 심어 넣는 앵커 전략이 대안적 도시발전 전략으로 모색되고 있다.

지역사회에 뿌리내리다.
앵커 기관(Anchor Institutions)

'앵커 기관(Anchor Institution)'

그들이 상정하는 '사회적대학'의 핵심 개념 중 하나다. 앵커란 말 그대로 지역사회에 깊이 정박한 채 관여하고 지속적으로 존재하는 기관을 칭한다. '나무처럼 뿌리내려' 지역사회 한복판에 놓여 있으면서 지역 주민들의 삶에 영향을 주는 학교, 도서관, 병원, 스포츠센터, 시청사, 공공기관 등을 일컫는다.

> "대학은 지역사회 발전과 재생에 동참하며 커다란 임팩트를 줄 수 있습니다. 젊은이들과 숙련된 인재들을 유입 및 배출하고 지역경제 주체들을 체계적으로 인큐베이팅하고 관련된 연구, 데이터 등의 축적을 통하여 말이죠."

예컨대 대학은 스스로 가진 부동산 자산을 통하여, 물건과 서비스에 대한 조달을 통하여, 지역경제 주체의 인큐베이팅과 네트워킹을 통하여, 지역재생을 추동하는 협업 사업을 통하여, 그리고 청년 등 지역

인재 교육과 고용을 통하여 등등 다양한 앵커 역할을 할 수 있다. 그냥 있기만 한 앵커는 아니다. 사회혁신 방법론과 실천을 통해 새로운 전환과 변화의 플랫폼으로 조성해가자는 게 '사회적대학'이다. 즉 지역발전과 별로 관계없는 밑 빠진 독에 물 붓는 식의 투자가 아닌 실제 지역 내부로 돈이 순환하는 '내생적 발전전략'을 추구하고, 판에 박힌 취업교육, 창업 인큐베이팅과 다른 도전적이면서 사회적 가치도 함께 창출하는 경제주체들의 요람으로 꾸려가자는 것이다.

영국은 물론 서구의 많은 대학들은 캠퍼스 울타리가 별도로 없다. 그저 도시 여기저기에 함께 뒤섞여 놓여 있을 뿐이다. 이곳 코번트리 역시 도시 한복판이 곧 대학이다. 대학의 주요 사이트들은 도시의 유명한 명소들과 아무런 경계 없이 연결되어 있다. 영국의 사회적기업 실천가들은 늘 "사회적기업에 이익이 생기면 사회에 이익이 생긴다"고 강조했다. 마찬가지로 "대학이 활성화되면 도시도 발전한다", 역으로 "도시에 활력과 이익이 생기면 대학에도 편익이 따른다"고 외칠 수 있을 법한 일체가 된 환경이다.

앵커 전략을 통한 '사회적대학' 만들기 프로젝트는 이를 제대로 된 방향으로, 밀접한 협업하에 실질적으로 지역사회와 동반성장을 할 수 있게끔 모색하자는 제안이다. 앞서도 언급했지만 코번트리는 '문화 도시(UK City of Culture in 2021, 영국 정부에서 실시하는 일종의 지역재생 프로젝트)' 선정 과정에서도 이를 충분히 인지했다. 꾸준히 '도시와 대학'의 공동운명체적인 관계설정과 실천을 이어왔다. CUSE의 키이스와 캐롤은 "사회적기업가, 사회혁신 그룹들에도 포괄적인 도시/문화재생을 다루는 이 협업기반 프로젝트는 좋은 기회가 될 것"이라고 말했다.

게릴라 로컬리즘… '마을기업, 노동자협동조합'에 일을 맡기다

여기뿐만이 아니다. 혁신 사례로 주목받는 도시들 역시 이러한 앵커 기관의 재발견으로부터 출발하고 있었다. 미국의 클리블랜드(Cleveland) 사례가 그러하고 영국에서 최근 각광받고 있는 프레스턴(Preston) 또한 그러하다. 대학, 시청사, 박물관, 주택단지 등의 공공 앵커시설에 '사회적 가치(Social Values)'를 심어 넣는 혁신작업을 필두로, 그 기관들이 지역에서 고용하고 소비하며 대안적 경제조직(노동자협동조합 등)과 계약해 일하게끔 환경을 조성했다. 대형 쇼핑몰 유치(제조업이 빠져나간 많은 영국 도시들에서 택한 '외생적 발전전략') 등 외부투자 계획이 수포로 돌아가며 좌절을 겪은 도시가 적극적인 내생적 발전전략을 통해 새로운 길을 모색했다. 영국의 언론과 유명 칼럼리스트 등은 프레스턴 지방정부와 혁신가들이 주도한 사례를 두고 '게릴라 로컬리즘(Guerilla Localism)'이라고 칭했다.

The Preston model – event review: 'Cities are looking to us for hope'

Senior economics commentator Aditya Chakrabortty was joined by an expert panel and more than 400 Guardian supporters

▲ 'Guerrilla localism': Preston city centre. Photograph: Alamy

∧ 영국 〈가디언〉 2018.3.17. 자 기사 중

실제로 2013년 통계를 보면, 프레스턴에서 20파운드를 쓰면 1파운드 정도만 지역에 남았다. 나머지는 런던 본사나 글로벌 기업들로 빠져나갔다. 2013년 지역의 6개 공공기관에서 지역에서 소비하고 고용하며 순환시킨 돈은 3천8백만 파운드에 불과했다. 그러나 2017년에는 1억 1천1백만 파운드로 3배 가까이 늘었다. 지역 주택협회가 관리하는 사회주택(약 6,500호)에서는 외주화 했던 각종 수리, 관리업무 등을 모두 커뮤니티 조직, 기업을 통하여 '내부화(Inhouse)' 했다. 이러한 혁신적인 앵커 전략과 더불어, 대형 마트가 투자를 멈춘 자리에 로컬 재래시장 개조 프로젝트를 진행했다. 나아가 사회적경제 등 대안사업들에 투자할 수 있는 지역기반 사회적금융 은행 설립도 추진하고 있다.

"이것이 지역사회의 주도권과 지배권을 되찾아오는 우리의 방식입니다."

프레스턴 지역에 천착한 활동가(Matthew Brown)가 〈가디언〉 인터뷰에서 던진 말이다. 2015년부터 2020년까지 영국 노동당 대표를 지낸 제레미 코빈(Jeremy Corbyn)도 고무됐다. 그는 토니 블레어로 상징되는 노동당의 중도파 '제3의 길' 노선을 극복하는 대안으로서 센세이션을 등에 업고 등장한 인물이다. 같은 당 출신 지방정부의 새로운 실천에 대해 "혁신을 고무하는 사례"라며 진보의 미래에 대해 "프레스턴을 보라"고 가리켰다.

전날 밤 기숙사에 누워 이 사례 기사를 흥미로이 보았다. 다음 날 CUSE의 키이스와 라이징 카페(Rising Cafe, 앞 장에서 소개)에서 점심을 함께 하며 관련한 이야기를 꺼냈다. "굉장히 인상적인 내용이었다." 키이스는 듣자마자 "바로 그거야(That's It!)"라고 추임새를 넣으며 "우리가 이야기했던 민영화와 국유화를 동시에 극복하는 모습이 바로 그런 사례들"이라고 말했다. 코번트리 역시 그러한 실천에 동참하는 중이라고 덧붙이면서.

앵커 전략과 사회적대학에 대해 특히 궁금증을 보이자, 키이스는 흥미
로운 자료를 건네주었다. 자유로이 들어오고 다시 지역사회 현장으로
빠져나가는 게 일상인 엔터프라이즈 허브에서, 개인 방이 따로 없는
이 사회적기업 대표자는 이날도 공유테이블에 앉아 노트북을 두드
리며 "메일을 열어보라"고 말했다. 사회적대학 네트워크(The Social
University Network)를 소개하고 동참을 권유하는 워드 문서였다.

> "영국의 고등교육기관들은 다르게 생각할 것을 요구받고 있습니
> 다. 어떻게 그들이 속한 커뮤니티에 임팩트를 줄 수 있을지, 지역
> 사회 이해관계자들(정부, 기부자, 공공 영역, 커뮤니티 섹터 등)은
> 의미 있는 임팩트를 줄 수 있는 주요한 앵커 기관으로 지역사회
> 에 자리매김하게끔 우리를 바라보는 경향들이 커지고 있습니다."

이렇게 대학을 바라보는 기대가 달라지는 상황과 조건에서, 이들의
문제의식은 캠퍼스를 지역사회에 결합시키고 상호작용하는 역동적
인 플랫폼으로서의 대학, 즉 "사회혁신과 사회적기업 영역을 통한 임

∧ 코번트리대학 경영대 강의에 참관하여 본 장면. 사회적 임팩트(Social Impact)를 다루고 있다.

∨ '사회적 임팩트 챌린지' 공모전 등에 참여해 지역사회에서 창업 실험 등을 모색하려는 청년들과
  가진 워크숍 자리에서.

팩트 확산"이 이에 응답할 수 있는 방법일 수 있다는 것. 대학을 바꾸는 전략은 여러 가지일 수 있지만, '사회적대학' 주체들은 '사회혁신'을 주요한 방법론으로 채택하여 구체적으로는 사회적기업과 같이 지역사회와 시장에 실질적인 임팩트를 줄 수 있는 주체들을 키우고 연결하는 혁신 기지로 만들어가겠다는 것이다. 따라서 대학 구성원들(학생, 교직원 등)과 대학이 가진 자원들을 '지역적, 사회적'으로 활동하고 기능할 수 있게끔 교육하고 연구한다. 나아가 대학의 역할이 단지 학생들에게 학위를 제공하는 것을 넘어 지속 가능한 (지역)사회에 기여할 수 있는 앵커 기관으로 만들어가자는 설명이다.

사실 이는 굉장히 실용적인 접근이기도 하다. 또한 공공예산 삭감 기조에 맞서서 오히려 이를 기회 삼아 적극적으로 대학을 재구성하겠다는 당찬 선언이기도 하다. 그런 면에서 긴축(Austerity)이 사회혁신을 추동하고 있다는 키이스의 역설적인 말이 다시 상기된다. 예컨대 이들은 "사회적대학은 학생들에게도 굉장히 매력적이다. 그들에게 더 많은 활동자원과 경험자원의 기회를 제공하고 더 풍부한 일자리 기회를 대학에서 제공할 수 있는 환경을 만들어주기 때문"이라고 말했다. 또한 연구 영역에도 "깊은 지역사회와의 연결을 통해 연구 범위와 효과를 확산하고 새로운 수입의 원천을 발생시킬 수 있다"고 덧붙였다. 지역사회를 향해서는 "사회적 자본을 다지고 지역경제를 북돋는 전략을 통해 공동체에 편익을 제공한다"고 말했다.

그렇다면 어떤 대학을 '사회적대학'으로 인식하고 칭할 수 있을까? 영국에서도 사회적대학은 아직 명확하게 성립된 개념과 실체는 아니다. 뜻있는 대학 구성원들의 실천적인 운동으로서 네트워크에 참여하며 만들어가는 중이다. 보수성 짙은 대학을 혁신하기 위한 도전을 시작한 셈이다. 또한 '법적, 제도적' 인증이 아닌 만큼, 그들 스스로의 역할과 책무를 다음과 같이 공개적으로 선언하고 밝힘으로써 시작된다고 한다.

- 사회혁신과 사회적기업가 관련 교과목을 교육과정에 심어 넣는다.
- 사회혁신가와 사회적기업가들이 새로운 사회적기업을 창조해 낼 수 있도록 돕는다.
- 사회적 제품/서비스 구매를 통해 사회경제적 임팩트를 늘릴 수 있게끔 일한다.
- 환경적 지속 가능성에 대한 프로그램을 채택한다.
- 사회혁신가와 사회적기업가들이 그들의 재능과 기술을 개발할 수 있는 프로그램을 운영한다.

단, 공통적인 조건도 있는데 '사회적대학 네트워크'의 제안에 따르면, 모든 사회적대학들은 '장소성(Place)', '혁신(Innovation)', '시장(Market)', '인큐베이션(Incubation)' 등 4가지 영역을 포괄하여 활동하는 기관이어야 한다고 명시하고 있다. 즉, 지역사회와 주민에 관여하는 장소성(Place), 사회혁신을 심어 넣는 시장에서의 차별화된 위치 선정(Market), 혁신생태계 지원(Innovation), 아이디어와 실천의 인큐베이팅(Incubating) 등의 공통된 기준을 설명하고 있는 것이다.

돌이켜보면, 코번트리에서의 체류 생활을 통해 현장에서, 강의실에서, 비즈니스에서, 회의에서, 개별 인터뷰를 통해, 비공식적 만남에서 두루두루 살펴본 것들이다. CUSE와 사회혁신가들의 활동상을 축약해놓은 공동의 미션으로 보였다. 그들을 지켜보고 담소 나누고 함께 참여하며 나는 "당신들은 대학 속에서 경계를 넘나들며 활동하는 사회혁신가"로 표현했다. 키이스는 웃으며 "맞다. 그렇게 되기 위해 노력 중"이라고 답했다. 그러면서 우리의 실천과 사업을 위해서 4가지가 필요하다고 덧붙였다. 책임 있는 전념(Commitment), 리더십(Leadership), 협력과 합작(Collaboration), 공유된 사회적 가치(Shared Social Value).

'혁신의 대상' 조롱 넘어 '혁신의 추동 기지'로

낯선 땅의 경험들을 통해 한국 사회를 돌아본다. 대학은 '혁신 기지' 이기는커녕 '혁신의 대상'으로 여겨지는 경우가 많았다. 지역 및 사회혁신을 지원하고 추동하는 대학? 찾아보기 힘들었다. 그러나 좋든 싫든 대학은 구체적인 지역사회 공간 한복판에 존재하고, 묵직한 터를 자리하고 있다. 물리적인 하드웨어 공간은 물론, 많은 예산과 지식, 인적자원들이 순환하고 있는 공간이기도 하다. 급속한 학령인구 감소 등의 한국 사회 추세로 볼 때, 대학으로서도 이제 단순한 '교육과 학위 제공' 가지고는 살아남기 힘든 상황이 되고 있다. 쇠락하는 슬픈 농촌 현실을 보여주는 초중고 폐교의 애잔한 풍경이 이제 많은 대학들의 미래가 될 수도 있고 이미 시작되었다.

많은 사회혁신 실천 사례들이 지역사회의 앵커시설을 거점으로 추동해내는 경우들을 보았다. 여기서 쓰이는 예산, 서비스, 자원 등을 대기업과 다국적 프랜차이즈가 아닌 지역기반 협동조합, 사회적기업과 적극 연계하여 지속 가능한 '진지'를 구축해가는 전략을 살펴보았다. 예컨대 거대도시 서울만 해도 세계에서 가장 많은 대학을 가지고 있는 도시다. 그동안 가진 관성에 따른 보수성 등 넘어야 할 산들이 많겠지만, 이러한 공간들을 어떻게 연결하고 개방하고 지역사회와 협력할 것인지에 대해 분명히 짚고 넘어가며 대안모색이 필요한 시점이다. 영국의 대학 못지않게, 어쩌면 그 이상으로 한국의 대학은 역할과 정체성은 물론 존재 이유와 생존의 차원에서도 대대적인 변화를 요구받는 시기다. '사회적대학'은 하나의 묵직한 영감을 주는 길을 보여준다.

∧ 지역사회 청년 노숙인 지원 행사에서 만난 코번트리 사람들

∨ CUSE 매니저 도나와 인터뷰 중. 그녀는 학내외 창업준비 청년, 주민들을 발굴하고 육성하는 일 등을 맡고 있었다.

결국 사람으로 돌아온다. 제아무리 구조와 현실이 변화를 필요로 하고 있다고 하더라도 물꼬를 틀 사람이 없으면 지루한 현상 유지가 지속될 뿐이다. 그런 면에서 혁신가가 필요하다. 코번트리 역시, 대학과 지역사회를 넘나드는 '사회혁신가'들이 일궈가고 있는 사례다. 그들은 오늘도 대학의 관성, 관행과 줄다리기를 하며 '사회적대학'을 만들어가기 위한 도전에 나서고 있다. 그저 알아서 바뀌고 주어지는 법은 없다. 코번트리에서 재확인한 그러나 너무도 익숙한 진리다.

에필로그: 보존과 혁신의 다이너미즘, 다음이 더 기대되는 코번트리

작별의 시간이다. 생애 소중한 순간을 새로운 땅에서, 그것도 사회를 이롭게 바꾸려는 시도로 꿈틀대는 곳에서 머무른 호사를 누렸다. 국경을 넘어 그들은 뜻을 같이하는 동료이자 친구들이다. 미처 선물로 줄 만한 것들을 한국에서 가져오지 못했다. 아쉬운 대로 아시안 마트에 가서 초코파이와 간식으로 할 만한 한국 과자를 몇 개 엄선해서 샀다. 그리고 엽서에 꾹꾹 눌러 편지를 썼다.

"사회적 가치를 만들어내고 있는 이 공간을 항상 기억하겠습니다."

마지막 날 들른 엔터프라이즈 허브에서, 줄곧 일정을 챙겨주었던 CUSE의 마리아마와 동료 스텝들은 활짝 웃음을 지으며 "고맙다"고 말했다. 이어 엽서를 잘 보이는 선반 공간에 세워두었다. 그러고는 그들 역시 커다란 박스를 내게 안겨주었다. 잉글리시 티, 과자, 빵, 초콜릿 등 간식류와 함께, 범상치 않아 보이는 커다란 맥주도 한 병 함께 넣어주었다. 마리아마는 "브렉시트 반대와 이민자 포용기조를 주장하던 조 콕스 하원의원이 극우주의자에 의해 피살되고, 그 슬픔과 극

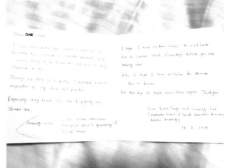

<CUSE 식구들이 준 선물박스   > 떠나며 남긴 편지

복을 기념하기 위해 설립된 비영리기관에서 동참하는 양조장들과 함께 만든 것"이라고 했다. 떠나는 기차역에서 마셔보니 에일맥주의 진한 맛이 애잔한 사연과 더불어 그대로 전해졌다. CUSE와 코번트리 혁신가들은 아무런 연고도 없이 대뜸 오겠다고 요청한 나를 고맙게도 따뜻하게 맞이해주었다. 떠나는 순간까지 감사한 마음이 컸다.

걸어가기로 했다. 사이클 웍스(Cycle Works) 숙소에서 짐을 가지고, 코번트리 기차역까지 넉넉잡아 약 30분이 걸리는 거리였다. 2주간 익숙하게 오가던 캠퍼스와 도심지를 차례로 지나가며 무거운 캐리어를 덜컹덜컹 끌었다. 신식 기숙사에서 콘크리트 도로인 링 로드, 형형색색 젊은이들이 북적이는 캠퍼스 한복판, 중세를 보존한 도심지, 활기찬 쇼핑가, 그리고 다시 삭막한 링 로드를 지나 코번트리역에 당도했다. 변화무쌍한 다양한 얼굴의 코번트리, 무너지고 쌓아 올리고를 반복한 도시의 모습이 마지막 순간까지 엿보였다.

여전히 그리고 계속 코번트리는 과거를 등에 업고 부단히 새로운 변화를 모색하고 있다. 가깝게는 2021년 문화도시 행사를 개최할 때 재생 분위기는 절정을 이룰 것이다. 폭격의 폐허에도 남아 있는 대성당의 돌기둥처럼, 변하지 않는 코번트리도 있을 것이다. 모던 대학 코번트리의 젊은 트렌디함이 생성하는, 변하고 새로 치장하는 코번트리도 있을 것이다. 여러모로 다음 방문이 더 기대되는 코번트리다.

∨ 떠나는 날 엔터프라이즈 허브에서 CUSE 스텝들과 함께

꼭 들러야 하는 곳,
코번트리를 한눈에 품을 수 있는 지역박물관들
(Coventry Transport Museum, Herbert Art Gallery & Museum)

코번트리에 가면 꼭 들러야 할 곳이 있다. 수준급 박물관들이 도심 가까이에 있다. 코번트리 교통박물관과 허버트 아트갤러리 & 박물관, 두 곳 모두 흥미로운 컬렉션들로 보는 이를 맞이한다. 예술적 가치는 물론 코번트리라는 도시의 굴곡진 역사 자체를 품고 있는 전시들이 많다. 박물관을 가는 거 자체만으로도 도시의 파노라마를 한 번에 품은 느낌을 들게 한다. 게다가 영국의 국공립 박물관은 무료이고 이곳들 역시 그러하다.

누구나 자유롭게 문턱 없이 드나들 수 있는 곳, 영국에도 많은 공공 공간, 서비스가 있겠지만, 이방인인 여행자로서 직관적으로 체감할 수 있는 영국의 공공성(Public)은 '프리패스' 박물관들에 깃들어 있다. 묻고 따지지 않는 열린 공간, 그것도 명작과 지역사회의 수작 등 최고의 작품들을 소장하고 있는 곳의 무조건적인 개방, '공공 박물관' 투어만으로도 영국 여행은 의미가 있다.

교통 박물관: 자동차, 자전거 제조업 도시를 일목요연하게 담다

교통 박물관(Coventry Transport Museum)은 '자전거 혹은 자동차' 마니아라면 눈이 휘둥그레질 오리지널 전시물들을 보여준다. 코번트리는 자전거 생산의 원조 도시였다. 거기서 비롯해 제조업이 펼쳐나가 영국의 대표 자동차 생산지(재규어 'Jaguar' 등)로 발전한 역사를 지녔다. 박물관은 코번트리의 이동 수단 산업사를 1800년대 중후반 '자전거의 태동'부터 1980년대 이후 신식 '스포츠카'까지, 시간 순서대로 동선을 꾸려서 관객들을 인도한다. 무려 240대 이상의 자동차와 상업용 운송수단, 100대 이상의 모터사이클, 200대 이상의 자전거들이 각자의 시간대에서 자리를 차지하고 있다. 자

전거만 해도 참 다양하다. 시대별로 어떤 형태와 디자인이 유행을 했고, 기능적인 필요에 따라 변화해간 모습들이 한눈에 들어온다.

중간중간 기념비적인 사건들도 배치해놨다. 1905년 한 공장에서 하루에 1,369대의 자전거를 생산해 최대 신기록을 세웠다는, 이를 기념해 자본가, 노동자들이 함께 우르르 몰려나와 공장 앞에서 위풍당당하게 스스로 만든 자전거를 샘플로 세워두고 기념사진을 찍었다. 당시의 제조업 중심 시대상과 도시 모습을 그대로 보여준다.

1910년대를 넘어가면 오토바이, 자동차 등으로 교통수단이 진화한다. 옛날 흑백 영화에서나 봤음 직한 클래식 자동차들부터 도처에 널려 있다. 당시만 해도 자동차는 특권층만 탔을 것이고, 지금과 같은 대량생산이 아니었다. 그래서인지 자동차들의 디자인이 다 제각각이다. 색깔도 형형색색. 동행한 옆지기도 신났다. 녹색에 매끈하면서도 고풍스러운 디자인을 지닌 1938년대 자동차 앞에서 사진을 찍어 달란다. 지나가던 중에 영국의 로열 패밀리, 와우, 여왕이 탔다는 모델까지 있다. 웅장하고 거대하고 순간 압도하는 풍모를 지닌 검정색 클래식카다. 요즘으로 따지면 최고급 방탄카의 옛날 버전일 것이다. 이어서 코번트리 역사에서 빠질 수 없는 제2차 세계대전의 폭격, 그로 인한 자동차 등 제조업들이 어떻게 피해를 입었고 다시 어떤 방향으로 재건을 시작했는지 등등을 실감 나게 보여주고 있다.

자동차 산업의 특성은 강한 노동조합과 노동운동을 잉태하는 것이기도 하다. 박물관은 이러한 역사와 사회현상도 빠뜨리지 않은 채 담고 있다. 화려했던 영국 제조업이 몰락하는 시간대를 지나가는 순간, 각종 거친 구호를 건 피켓과 파업 관련 전시물들이 관객들의 감각을 긴장하게 한다. 공권력은 "여기 선을 넘지 마시오"라고 내걸고 있고, 노동자들은 "공정 계약을 위한 파업", "야근 수당 없이 야간 노동 없다", "파업을 위해 노동자의 와이프들도 단결한다" 등등의 피켓으로 맞서고 있다. 그러나 결국 코번트리와 영국의 자동차 산업은 몰락했다. 예컨대 모리스 엔진의 코번트리 공장은 1981년 문을 닫았고, 그 결과 1,500명이 넘는 노동자들이 일자리를 잃고 실업자가 됐다. 당시의 신문기사, 문헌, 사진들을 박물관은 차곡차곡 그러나 한눈에 들어오게끔, 그 시절의 첨예한 갈등과 격동 속으로 안내한다.

허버트 박물관, 지역사회의 역동적인 시공간적 흐름을 담다

허버트 박물관(Herbert Art Gallery & Museum)은 코번트리대학 본관 건너편 항상 젊은 학생들로 북적이는 곳에 위치하고 있다. 처음에는 대학 건물인 줄 알았다. 코번트리의 기업인이자 자선가였던 알프레드 허버트 경(Sir Alfred Herbert)의 이름을 따서 1960년에 문을 열었다. 눈에 띄는 컬렉션으로는 1800년대부터 오늘날에 이르는 의상 전시, 그중에서도 19세기를 보여주는 여성의류가 돋보인다고 꼽힌다. 나아가 현대의 다문화적인 코번트리의 모습을 반영하는 인종별, 커뮤니티별로 다채롭게 표출되고 있는 의류

아이템을 지속적으로 수집하며 전시의 폭을 넓히고 있다.

특히 개인적으로 인상적이었던 부분은 코번트리의 각 시대와 이슈에 따른 일상을 그대로 담아내고 있는 지역 전시물들이었다. 일종의 아카이빙이기도 했다. 예컨대 19세기, 혹은 20세기 초반에 코번트리안들은 어떤 모습의 방에서 어떤 가전제품 등을 쓰고 살았는지 소소한 일상의 물건들을 자연스럽게 전시해놓았다. 제2차 세계대전 공습 시절의 대피 방공호는 어떠하였는지, 사이렌 소리가 어떻게 울려 퍼졌는지, 폭격을 피해 있으면서 무료함과 불안함을 달래기 위해 '모노폴리(MONOPOLY)' 종이판 게임을 했던 흔적들도 고스란히 남겨두었다.

또한 코번트리는 과거 제조업 일자리 수요, 1950~60년대의 재건 프로젝트 등으로 많은 이주민 노동자들을 불러들인 곳이다. 그들의 새로운 삶의 터전이 되기도 했다. 주로 남쪽 아시아, 캐리비언, 아일랜드 등에서 이주해왔다. 그들은 산업노동은 물론 국가의료체계(NHS)에서 간호사로 일한 사람도 많았다. 박물관은 "그들은 우리 사회에 녹아들면서도 지역의 삶과 문화를 더 풍요롭게 했다"고 설명했다.

> "이주민들은 코번트리에 영구히 정착해 살면서, 영국 문화를 받아들이고 동화되어 갔다. 그리고 한편으로는 그들 스스로의 다양한 문화들을 통해 영국인들의 삶에도 많은 면에서 영향을 미쳤다."

이주민 커뮤니티의 의상들, 새롭게 가져온 조리도구를 비롯한 생활물품들 등 그들이 코번트리에 심어놓은 문화와 삶의 흔적도 전시관 한편에 묵직한 자리를 차지했다. 또한 코번트리안들이 겪었던 급격한 산업 변화의 혼돈과 시민들 스스로 권리를 위해 투쟁했던 역사들도 중요하게 놓여 있었다. 특히 1970년대 이후 경제적인 성공이 끝나고 쇠락이 시작된 시기, 낙관주의의 분위기가 완전히 사라지고 공장이 문을 닫고 해고의 일상화 등등 불안정과 대치가 만연했던 시기들을 아프게 조명해놓았다.

거기에 더해 한 면을 크게 차지하여, 수많은 여성들의 얼굴과 목소리가 담긴 수십 개 스크린 영상물들이 쉼 없이 돌아가고 있었다. 여성으로서 지역사회에서 어떤 삶을 살아왔는지, 어떤 모순, 차별, 구조적인 억압이 있었는지, 그것을 어떻게 자각하고 행동해왔는지, 실제 주민들의 생생한 모습을 통해 나타났다. 한국은 물론 세계적인 센세이션을 주었던 '미투(Me Too)' 운동의 물결은 이런 풀뿌리 여성들의 부단한 자각과 행동으로부터 잉태되었을 것이다.

1. 코번트리 관련 정보

- 위치: 영국 잉글랜드 웨스트미들랜드(West Midlands)주

- 인구: 366,785명(2018년 기준, 영국에서 17번째 규모)

- 도시의 대학: 코번트리대학교(Coventry University), 워릭대학교(University of Warwick)

- 지방정부 구성: 시의회 노동당 39석(다수 집권당), 보수당 14석, 무소속 1석

- 사회적기업 도시 지위 획득(2016년, Social Enterprise Place City) from Social Enterprise UK

- 가는 법: 런던 유스턴(London Euston)역에서 기차로 약 1시간

2. 코번트리 사회혁신 그룹 관련 정보

- 코번트리대학 사회적기업 웹사이트: www.coventry.ac.uk/cuse

- 코번트리대학 엔터프라이즈 허브 주소: 5 Whitefriars St, Coventry CV1 2DS UK

- 코번트리 사회적기업 도시: coventrysecity.com

- Priory Visitor Centre 웹사이트: www.coventrypriory.co.uk

- 돌봄 사회적기업/플랫폼 Carenet365 웹사이트: carenet365.org.uk

- 코번트리 난민이주민센터 웹사이트: covrefugee.org

- 리얼 정크푸드 프로젝트 코번트리 웹사이트: www.therealjunkfoodprojectcoventry.org

- Rising Cafe 웹사이트: www.risingcafe.co.uk/coventry